Ivan Kouchnir

Économie de la Somalie

Série "Economie dans les pays"

première publication: 2020
dernière mise à jour: 2021-01-21

Ivan Kouchnir. Économie de la Somalie. Série "Economie dans les pays". - 2020. - 68 pages.

Ce livre sur l'économie de la Somalie des années 1970 aux années 2010. Données source provenant de UN Data.

Taille. Dans les années 2010, le produit intérieur brut de la Somalie s'élevait à 1,5 milliards de dollars par an. Comme la part dans le monde était inférieure à 0,01%, le pays est classé en tant que micro-économie.

Productivité. Dans les années 2010, le produit intérieur brut par habitant était de 108,4 dollars. Étant donné que la productivité est inférieure à la moyenne inférieure à la moyenne, l'économie est classée comme moins développée.

Croissance. Dans les années 2010, la croissance du PIB était de 2,7%.

Structure. Dans les années 2010, l'économie de la Somalie était composée des secteurs suivants: agriculture (57,2%), services (14,3%), commerce (10,0%), transport (6,7%), industrie (6,2%), construction (5,5%).

Exportation et importation. Dans les années 2010, les importations étaient supérieures de 449,9% aux exportations, les importations nettes représentant 1,4% du PIB. La structure technologique des exportations n'est pas meilleure que la structure des importations.

Consommation et reproduction. L'attitude de la reproduction vis-à-vis de la consommation n'est pas meilleure que la moyenne mondiale; ainsi la part du PIB dans le monde n'augmentera donc pas.

Série "Economie dans les pays": parallel.page.link/fr

© Ivan Kouchnir, 2020

Tous les droits sont réservés.

ISBN: 9798614855314

Contenu

Partie I. Taille	4
Chapitre I. Produit intérieur brut	5
Chapitre II. Valeur ajoutée	9
Chapitre III. Revenu national brut	13
Partie II. Structure	17
Chapitre IV. Agriculture	18
Chapitre V. Industrie	22
Chapitre 5.1. Fabrication	26
Chapitre VI. Construction	30
Chapitre VII. Transport	34
Chapitre VIII. Commerce	38
Chapitre IX. Services	42
Partie III. Relations extérieures	46
Chapitre X. Exportations	47
Chapitre XI. Importations	51
Partie IV. Consommation	55
Chapitre XII. Dépenses publiques	56
Chapitre XIII. Dépenses ménagères	60
Partie V. Reproduction	64
Chapitre XIV. Formation de capital fixe	65

Partie I. Taille

	Les années 2010
PIB	1,5 milliards de dollars
Partager dans le monde	0,0019%
Partager en Afrique	0,064%
Partager en Afrique de l'Est	0,47%

Chapitre I. Produit intérieur brut

Le produit intérieur brut de la Somalie est passé de 528,5 millions de dollars par an dans les années 1970 à 1,5 milliards de dollars par an dans les années 2010, c'est-à-dire 952,8 millions de dollars ou de 2,8 fois. La variation a été de 676,8 millions de dollars en raison de l'augmentation de 1,8 fois des prix, et de -920,7 millions de dollars en raison de la baisse de productivité de 2,1 fois, et de 1,2 milliards de dollars en raison de la croissance démographique. La croissance annuelle moyenne du produit intérieur brut était de 1,4%. La valeur minimale était de 341,0 millions de dollars en 1970. La valeur maximale était de 2,6 milliards de dollars en 2008.

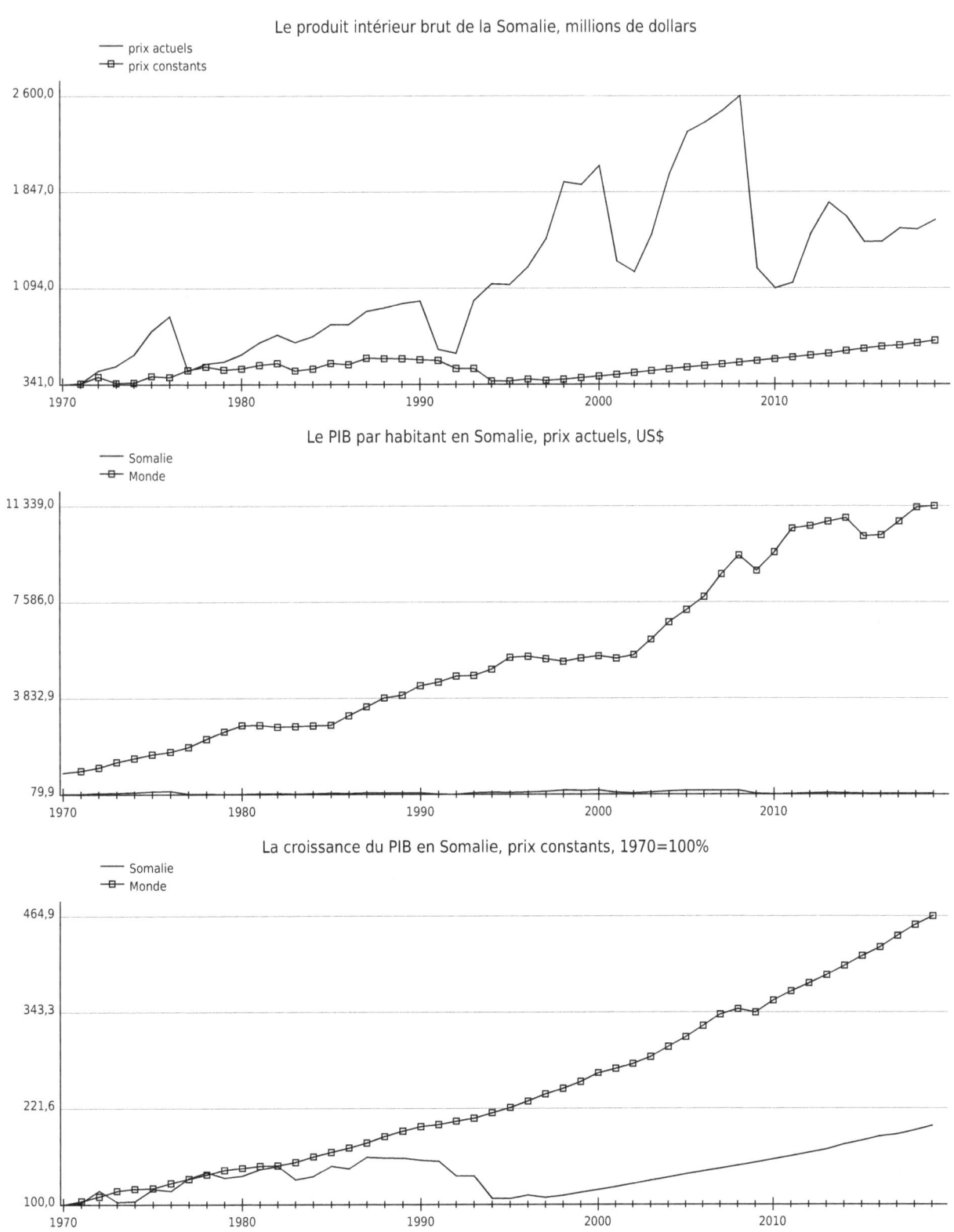

Les années 1970

Le PIB de la Somalie était de 528,5 millions de dollars par an dans les années 1970, au 136ème rang mondial. La part dans le monde était de 0,0081% et de 0,20% en Afrique.

Le PIB de la Somalie était constitué des dépenses ménagères (78,7%), des dépenses publiques (18,4%) et de la formation de capital (16,8%).

Le PIB par habitant en Somalie était de 126.3 dollars dans les années 1970, se situant au 176ème rang mondial, à égalité avec le Bangladesh (126,0 de dollars). Le PIB par habitant en Somalie était 12,8 fois inférieur le PIB par habitant au Monde (1 620,8 US$), et 5,1 fois inférieur le produit intérieur brut par habitant en Afrique (648,3 US$).

La croissance du PIB en Somalie était de 3.3% dans les années 1970, se classant au 122ème rang mondial, à égalité avec la Belgique (3,2%). La croissance du PIB en Somalie (3,3%) a été inférieure à celle du monde (4,1%), et inférieure à celle de l'Afrique (4,5%).

Comparaison avec les voisins. Le produit intérieur brut de la Somalie était supérieur à celui de Djibouti (161,5 millions de dollars); mais inférieur à celui du Kenya (5,0 milliards de dollars) et de l'Éthiopie (3,9 milliards de dollars). Le PIB par habitant en Somalie était supérieur à celui de l'Éthiopie (116,4 de dollars); mais inférieur à celui de Djibouti (702,7 de dollars) et du Kenya (373,2 de dollars). La croissance du PIB en Somalie était supérieure à celle de l'Éthiopie (2,3%) et de Djibouti (1,6%); mais inférieure à celle du Kenya (5,2%).

Comparaison avec les leaders. Le produit intérieur brut de la Somalie était inférieur à celui des États-Unis (1,7 billions de dollars), de l'URSS (649,4 milliards de dollars), du Japon (558,0 milliards de dollars), de l'Allemagne (484,2 milliards de dollars) et de la France (333,2 milliards de dollars). Le produit intérieur brut par habitant en Somalie était inférieur à celui des États-Unis (7 838,7 de dollars), de la France (6 214,9 de dollars), de l'Allemagne (6 148,9 de dollars), du Japon (5 011,3 de dollars) et de l'URSS (2 574,9 de dollars). La croissance du PIB en Somalie était supérieure à celle de l'Allemagne (3,1%); mais inférieure à celle de l'URSS (4,8%), du Japon (4,6%), de la France (3,9%) et des États-Unis (3,5%).

Les années 1980

Le PIB de la Somalie était de 779,9 millions de dollars par an dans les années 1980, au 146ème rang mondial. La part dans le monde était de 0,0052% et de 0,14% en Afrique.

Le produit intérieur brut de la Somalie était constitué des dépenses ménagères (87,4%), de la formation de capital (15,0%) et des dépenses publiques (11,2%).

Le produit intérieur brut par habitant en Somalie était de 116.4 dollars dans les années 1980, se situant au 184ème rang mondial. Le produit intérieur brut par habitant en Somalie était 26,8 fois inférieur le produit intérieur brut par habitant au Monde (3 123,4 US$), et 8,5 fois inférieur le produit intérieur brut par habitant en Afrique (993,3 US$).

La croissance du produit intérieur brut en Somalie était de 1.7% dans les années 1980, au 131ème rang mondial, à égalité avec l'Amérique du Sud (1,7%), la Nouvelle-Zélande (1,7%), les Fidji (1,7%). La croissance du PIB en Somalie (1,7%) a été inférieure à celle du monde (3,0%), et inférieure à celle de l'Afrique (1,8%).

Comparaison avec les voisins. Le PIB de la Somalie était supérieur à celui de Djibouti (363,6 millions de dollars); mais inférieur à celui du Kenya (10,5 milliards de dollars) et de l'Éthiopie (8,5 milliards de dollars). Le PIB par habitant en Somalie était inférieur à celui de Djibouti (829,6 de dollars), du Kenya (535,2 de dollars) et de l'Éthiopie (201,4 de dollars). La croissance du produit intérieur brut en Somalie était supérieure à celle de Djibouti (0,86%); mais inférieure à celle du Kenya (4,4%) et de l'Éthiopie (2,3%).

Comparaison avec les leaders. Le produit intérieur brut de la Somalie était inférieur à celui des États-Unis (4,2 billions de dollars), du Japon (1,8 billions de dollars), de l'Allemagne (990,0 milliards de dollars), de l'URSS (887,0 milliards de dollars) et de la France (729,5 milliards de dollars). Le PIB par habitant en Somalie était inférieur à celui des États-Unis (17 427,1 de dollars), du Japon (14 970,9 de dollars), de la France (12 907,5 de dollars), de l'Allemagne (12 688,8 de dollars) et de l'URSS (3 222,9 de dollars). La croissance du PIB en Somalie était inférieure à celle de l'URSS (4,3%), du Japon (4,3%), des États-Unis (3,1%), de la France (2,3%) et de l'Allemagne (1,9%).

Les années 1990

Le produit intérieur brut de la Somalie était de 1,2 milliards de dollars par an dans les années 1990, se situant au 165ème rang mondial

Chapitre I. Produit intérieur brut

à égalité avec la République centrafricaine (1,2 milliards de dollars), le Groenland (1,2 milliards de dollars). La part dans le monde était de 0,0042% et de 0,20% en Afrique.

Le PIB de la Somalie était constitué des dépenses ménagères (72,3%), de la formation de capital (20,9%) et des dépenses publiques (8,7%).

Le produit intérieur brut par habitant en Somalie était de 157.1 dollars dans les années 1990, se classant au 207ème rang mondial, à égalité avec l'Éthiopie (157,0 de dollars). Le produit intérieur brut par habitant en Somalie était 32,0 fois inférieur le PIB par habitant au Monde (5 020,1 US$), et 5,3 fois inférieur le PIB par habitant en Afrique (833,3 US$).

La croissance du PIB en Somalie était de -3.2% dans les années 1990, se classant au 185ème rang mondial, à égalité avec la Corée du Nord (-3,2%). La croissance du produit intérieur brut en Somalie (-3,2%) a été inférieure à celle du monde (2,8%), et inférieure à celle de l'Afrique (2,4%).

Comparaison avec les voisins. Le PIB de la Somalie était supérieur à celui de Djibouti (491,8 millions de dollars); mais inférieur à celui du Kenya (12,8 milliards de dollars) et de l'Éthiopie (8,8 milliards de dollars). Le PIB par habitant en Somalie était supérieur à celui de l'Éthiopie (157,0 de dollars); mais inférieur à celui de Djibouti (772,2 de dollars) et du Kenya (467,1 de dollars). La croissance du produit intérieur brut en Somalie était inférieure à celle du Kenya (2,2%), de Djibouti (1,8%) et de l'Éthiopie (1,5%).

Comparaison avec les leaders. Le PIB de la Somalie était inférieur à celui des États-Unis (7,6 billions de dollars), du Japon (4,3 billions de dollars), de l'Allemagne (2,2 billions de dollars), de la France (1,4 billions de dollars) et du Royaume-Uni (1,3 billions de dollars). Le produit intérieur brut par habitant en Somalie était inférieur à celui du Japon (34 325,0 de dollars), des États-Unis (28 654,0 de dollars), de l'Allemagne (27 003,8 de dollars), de la France (24 100,9 de dollars) et du Royaume-Uni (22 920,4 de dollars). La croissance du produit intérieur brut en Somalie était inférieure à celle des États-Unis (3,2%), du Royaume-Uni (2,3%), de l'Allemagne (2,2%), de la France (2,0%) et du Japon (1,5%).

Les années 2000

Le PIB de la Somalie était de 1,9 milliards de dollars par an dans les années 2000, se situant au 169ème rang mondial à égalité avec Saint-Marin (1,9 milliards de dollars). La part dans le monde était de 0,0041% et de 0,17% en Afrique.

Le PIB de la Somalie était constitué des dépenses ménagères (72,8%), de la formation de capital (19,9%) et des dépenses publiques (8,7%).

Le PIB par habitant en Somalie était de 185.6 dollars dans les années 2000, se classant au 209ème rang mondial, à égalité avec l'Éthiopie (188,0 de dollars). Le produit intérieur brut par habitant en Somalie était 38,7 fois inférieur le PIB par habitant au Monde (7 176,3 US$), et 6,6 fois inférieur le produit intérieur brut par habitant en Afrique (1 228,8 US$).

La croissance du produit intérieur brut en Somalie était de 2.9% dans les années 2000, se situant au 140ème rang mondial, à égalité avec le Nicaragua (2,9%). La croissance du produit intérieur brut en Somalie (2,9%) a été inférieure à celle du monde (3,0%), et inférieure à celle de l'Afrique (5,1%).

Comparaison avec les voisins. Le PIB de la Somalie était supérieur à celui de Djibouti (738,8 millions de dollars); mais inférieur à celui du Kenya (23,2 milliards de dollars) et de l'Éthiopie (14,2 milliards de dollars). Le produit intérieur brut par habitant en Somalie était inférieur à celui de Djibouti (952,5 de dollars), du Kenya (640,5 de dollars) et de l'Éthiopie (188,0 de dollars). La croissance du PIB en Somalie était inférieure à celle de l'Éthiopie (8,0%), de Djibouti (5,3%) et du Kenya (3,6%).

Comparaison avec les leaders. Le produit intérieur brut de la Somalie était inférieur à celui des États-Unis (12,6 billions de dollars), du Japon (4,7 billions de dollars), de l'Allemagne (2,8 billions de dollars), de la Chine (2,6 billions de dollars) et du Royaume-Uni (2,3 billions de dollars). Le produit intérieur brut par habitant en Somalie était inférieur à celui des États-Unis (42 841,2 de dollars), du Royaume-Uni (38 399,3 de dollars), du Japon (36 386,2 de dollars), de l'Allemagne (33 966,8 de dollars) et de la Chine (1 954,1 de dollars). La croissance du PIB en Somalie était supérieure à celle des États-Unis (1,9%), du Royaume-Uni (1,7%), de l'Allemagne (0,73%) et du Japon (0,50%); mais inférieure à celle de la Chine (10,3%).

Les années 2010

Le produit intérieur brut de la Somalie était de 1,5 milliards de dollars par an dans les années 2010, se classant au 185ème rang mondial à égalité avec la Gambie (1,5 milliards de dollars). La part dans le monde était de 0,0019% et de 0,064% en Afrique.

Le PIB de la Somalie était constitué des dépenses ménagères (72,6%), de la formation de capital (20,0%) et des dépenses publiques (8,7%).

Le produit intérieur brut par habitant en Somalie était de 108.4 dollars dans les années 2010, au 211ème rang mondial. Le PIB par habitant en Somalie était 97,8 fois inférieur le produit intérieur brut par habitant au Monde (10 603,1 US$), et 18,3 fois inférieur le PIB par habitant en Afrique (1 979,5 US$).

La croissance du PIB en Somalie était de 2.7% dans les années 2010, se situant au 121ème rang mondial, à égalité avec le Mexique (2,7%), l'Algérie (2,7%). La croissance du produit intérieur brut en Somalie (2,7%) a été inférieure à celle du monde (3,1%), et inférieure à celle de l'Afrique (2,9%).

Comparaison avec les voisins. Le PIB de la Somalie était 43,5 fois inférieur à celui du Kenya (64,4 milliards de dollars), 39,5 fois inférieur à celui de l'Éthiopie (58,5 milliards de dollars) et 34,4% inférieur à celui de Djibouti (2,3 milliards de dollars). Le PIB par habitant en Somalie était 23,0 fois inférieur à celui de Djibouti (2 491,4 de dollars), 12,6 fois inférieur à celui du Kenya (1 362,6 de dollars) et 5,4 fois inférieur à celui de l'Éthiopie (587,0 de dollars). La croissance du produit intérieur brut en Somalie était inférieure à celle de l'Éthiopie (9,8%), de Djibouti (9,4%) et du Kenya (5,8%).

Comparaison avec les leaders. Le PIB de la Somalie était 12 125,3 fois inférieur à celui des États-Unis (18,0 billions de dollars), 7 092,3 fois inférieur à celui de la Chine (10,5 billions de dollars), 3 529,5 fois inférieur à celui du Japon (5,2 billions de dollars), 2 471,8 fois inférieur à celui de l'Allemagne (3,7 billions de dollars) et 1 867,7 fois inférieur à celui du Royaume-Uni (2,8 billions de dollars). Le PIB par habitant en Somalie était 518,6 fois inférieur à celui des États-Unis (56 220,1 de dollars), 412,6 fois inférieur à celui de l'Allemagne (44 732,1 de dollars), 389,0 fois inférieur à celui du Royaume-Uni (42 176,3 de dollars), 377,0 fois inférieur à celui du Japon (40 869,8 de dollars) et 69,1 fois inférieur à celui de la Chine (7 491,3 de dollars). La croissance du PIB en Somalie était supérieure à celle des États-Unis (2,3%), de l'Allemagne (1,9%), du Royaume-Uni (1,8%) et du Japon (1,3%); mais inférieure à celle de la Chine (7,7%).

Chapitre II. Valeur ajoutée

La valeur ajoutée de la Somalie est passé de 485,2 millions de dollars par an dans les années 1970 à 1,3 milliards de dollars par an dans les années 2010, c'est-à-dire 816,5 millions de dollars ou de 2,7 fois. La variation a été de 462,2 millions de dollars en raison de l'augmentation de 1,6 fois des prix, et de -744,4 millions de dollars en raison de la baisse de productivité de 1,9 fois, et de 1,1 milliards de dollars en raison de la croissance démographique. La croissance annuelle moyenne de la valeur ajoutée était de 1,7%. La valeur minimale était de 310,9 millions de dollars en 1971. La valeur maximale était de 2,3 milliards de dollars en 2008.

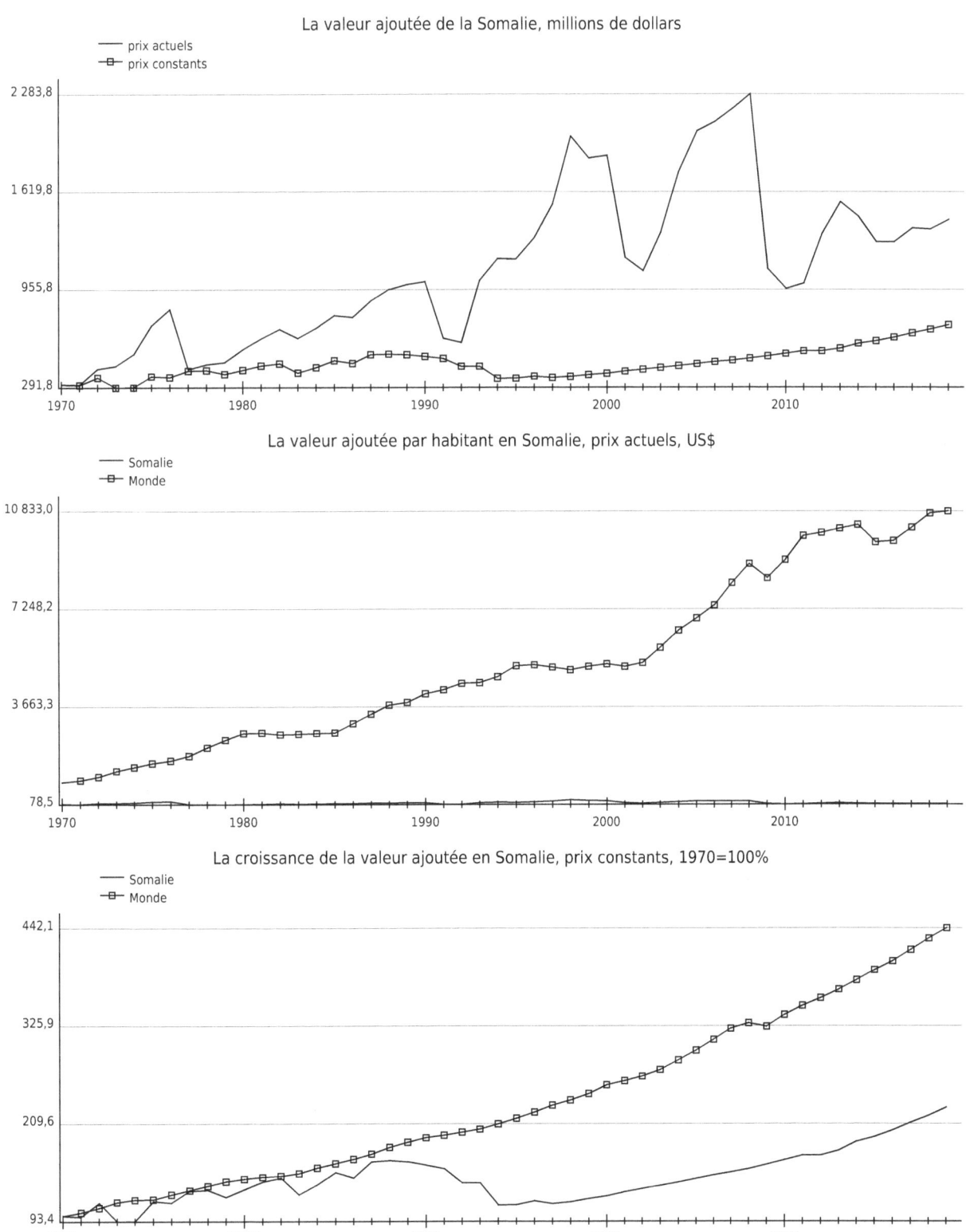

Les années 1970

La valeur ajoutée de la Somalie était de 485,2 millions de dollars par an dans les années 1970, se situant au 138ème rang mondial à égalité avec la Palestine (486,4 millions de dollars), Malte (476,3 millions de dollars), les Bermudes (474,4 millions de dollars). La part dans le monde était de 0,0077% et de 0,19% en Afrique.

La valeur ajoutée totale de la Somalie était constituée de: agriculture (57,2%), services (14,3%), commerce (10,0%), transport (6,7%), industrie (6,2%), construction (5,5%).

La valeur ajoutée par habitant en Somalie était de 115.9 dollars dans les années 1970, se situant au 178ème rang mondial, à égalité avec la Guinée équatoriale (115,2 de dollars), le Lesotho (117,7 de dollars), le Rwanda (118,2 de dollars). La valeur ajoutée par habitant en Somalie était 13,5 fois inférieure la valeur ajoutée par habitant au Monde (1 564,4 US$), et 5,3 fois inférieure la valeur ajoutée par habitant en Afrique (619,0 US$).

La croissance de la valeur ajoutée en Somalie était de 2.2% dans les années 1970, au 153ème rang mondial, à égalité avec la Guinée équatoriale (2,2%). La croissance de la valeur ajoutée en Somalie (2,2%) a été inférieure à celle du monde (3,9%), et inférieure à celle de l'Afrique (4,9%).

Comparaison avec les voisins. La valeur ajoutée de la Somalie était supérieure à celle de Djibouti (141,1 millions de dollars); mais inférieure à celle du Kenya (4,9 milliards de dollars) et de l'Éthiopie (3,5 milliards de dollars). La valeur ajoutée par habitant en Somalie était supérieure à celle de l'Éthiopie (106,4 de dollars); mais inférieure à celle de Djibouti (614,1 de dollars) et du Kenya (363,6 de dollars). La croissance de la valeur ajoutée en Somalie était supérieure à celle de Djibouti (1,6%); mais inférieure à celle du Kenya (5,6%) et de l'Éthiopie (2,3%).

Comparaison avec les leaders. La valeur ajoutée de la Somalie était inférieure à celle des États-Unis (1,7 billions de dollars), de l'URSS (649,4 milliards de dollars), du Japon (545,3 milliards de dollars), de l'Allemagne (444,9 milliards de dollars) et de la France (297,3 milliards de dollars). La valeur ajoutée par habitant en Somalie était inférieure à celle des États-Unis (7 767,9 de dollars), de l'Allemagne (5 650,3 de dollars), de la France (5 544,4 de dollars), du Japon (4 897,5 de dollars) et de l'URSS (2 574,9 de dollars). La croissance de la valeur ajoutée en Somalie était inférieure à celle du Japon (4,9%), de l'URSS (4,8%), de la France (3,7%), de l'Allemagne (3,1%) et des États-Unis (2,9%).

Les années 1980

La valeur ajoutée de la Somalie était de 754,2 millions de dollars par an dans les années 1980, se situant au 146ème rang mondial. La part dans le monde était de 0,0051% et de 0,15% en Afrique.

La valeur ajoutée totale de la Somalie était constituée de: agriculture (66,4%), services (10,3%), commerce (9,9%), transport (6,1%), industrie (4,6%), construction (2,8%).

La valeur ajoutée par habitant en Somalie était de 112.6 dollars dans les années 1980, au 184ème rang mondial. La valeur ajoutée par habitant en Somalie était 26,9 fois inférieure la valeur ajoutée par habitant au Monde (3 029,9 US$), et 8,4 fois inférieure la valeur ajoutée par habitant en Afrique (948,7 US$).

La croissance de la valeur ajoutée en Somalie était de 3% dans les années 1980, au 86ème rang mondial, à égalité avec le Burkina Faso (3,0%), le Tchad (3,1%). La croissance de la valeur ajoutée en Somalie (3,0%) a été supérieure à celle du monde (2,9%), et supérieure à celle de l'Afrique (1,2%).

Comparaison avec les voisins. La valeur ajoutée de la Somalie était supérieure à celle de Djibouti (304,8 millions de dollars); mais inférieure à celle du Kenya (10,0 milliards de dollars) et de l'Éthiopie (6,4 milliards de dollars). La valeur ajoutée par habitant en Somalie était inférieure à celle de Djibouti (695,5 de dollars), du Kenya (511,7 de dollars) et de l'Éthiopie (151,5 de dollars). La croissance de la valeur ajoutée en Somalie était supérieure à celle de l'Éthiopie (2,5%); mais inférieure à celle du Kenya (4,5%) et de Djibouti (3,2%).

Comparaison avec les leaders. La valeur ajoutée de la Somalie était inférieure à celle des États-Unis (4,2 billions de dollars), du Japon (1,8 billions de dollars), de l'Allemagne (907,0 milliards de dollars), de l'URSS (887,0 milliards de dollars) et de la France (650,9 milliards de dollars). La valeur ajoutée par habitant en Somalie était inférieure à celle des États-Unis (17 439,9 de dollars), du Japon (14 839,7 de dollars), de l'Allemagne (11 624,4 de dollars), de la France (11 516,2 de dollars) et de l'URSS (3 222,9 de dollars). La croissance de la valeur ajoutée en Somalie était supérieure à celle des États-Unis (2,8%), de la France (2,2%) et de l'Allemagne

Chapitre II. Valeur ajoutée

(2,0%); mais inférieure à celle de l'URSS (4,3%) et du Japon (4,2%).

Les années 1990

La valeur ajoutée de la Somalie était de 1,2 milliards de dollars par an dans les années 1990, se situant au 164ème rang mondial à égalité avec la République centrafricaine (1,2 milliards de dollars), l'Andorre (1,2 milliards de dollars). La part dans le monde était de 0,0045% et de 0,22% en Afrique.

La valeur ajoutée totale de la Somalie était constituée de: agriculture (61,4%), services (11,9%), commerce (10,5%), transport (9,0%), construction (4,1%), industrie (3,0%).

La valeur ajoutée par habitant en Somalie était de 160.4 dollars dans les années 1990, se classant au 206ème rang mondial. La valeur ajoutée par habitant en Somalie était 29,9 fois inférieure la valeur ajoutée par habitant au Monde (4 799,9 US$), et 4,9 fois inférieure la valeur ajoutée par habitant en Afrique (793,2 US$).

La croissance de la valeur ajoutée en Somalie était de -3.1% dans les années 1990, se situant au 184ème rang mondial. La croissance de la valeur ajoutée en Somalie (-3,1%) a été inférieure à celle du monde (2,7%), et inférieure à celle de l'Afrique (2,3%).

Comparaison avec les voisins. La valeur ajoutée de la Somalie était supérieure à celle de Djibouti (426,4 millions de dollars); mais inférieure à celle du Kenya (11,8 milliards de dollars) et de l'Éthiopie (8,4 milliards de dollars). La valeur ajoutée par habitant en Somalie était supérieure à celle de l'Éthiopie (149,7 de dollars); mais inférieure à celle de Djibouti (669,6 de dollars) et du Kenya (431,0 de dollars). La croissance de la valeur ajoutée en Somalie était inférieure à celle de l'Éthiopie (3,5%), du Kenya (1,4%) et de Djibouti (1,0%).

Comparaison avec les leaders. La valeur ajoutée de la Somalie était inférieure à celle des États-Unis (7,6 billions de dollars), du Japon (4,3 billions de dollars), de l'Allemagne (2,0 billions de dollars), de la France (1,3 billions de dollars) et du Royaume-Uni (1,2 billions de dollars). La valeur ajoutée par habitant en Somalie était inférieure à celle du Japon (34 190,7 de dollars), des États-Unis (28 605,8 de dollars), de l'Allemagne (24 519,7 de dollars), de la France (21 588,1 de dollars) et du Royaume-Uni (21 414,8 de dollars). La croissance de la valeur ajoutée en Somalie était inférieure à celle des États-Unis (2,8%), du Royaume-Uni (2,4%), de l'Allemagne (2,1%), de la France (1,8%) et du Japon (1,8%).

Les années 2000

La valeur ajoutée de la Somalie était de 1,7 milliards de dollars par an dans les années 2000, au 171ème rang mondial. La part dans le monde était de 0,0038% et de 0,16% en Afrique.

La valeur ajoutée totale de la Somalie était constituée de: agriculture (60,2%), services (12,5%), commerce (10,6%), transport (9,4%), construction (4,2%), industrie (3,2%).

La valeur ajoutée par habitant en Somalie était de 164.3 dollars dans les années 2000, se situant au 209ème rang mondial. La valeur ajoutée par habitant en Somalie était 41,5 fois inférieure la valeur ajoutée par habitant au Monde (6 818,0 US$), et 7,1 fois inférieure la valeur ajoutée par habitant en Afrique (1 165,9 US$).

La croissance de la valeur ajoutée en Somalie était de 3% dans les années 2000, se situant au 133ème rang mondial, à égalité avec le Brésil (3,0%), la Slovénie (3,0%), l'Océanie (3,0%). La croissance de la valeur ajoutée en Somalie (3,0%) a été supérieure à celle du monde (2,9%), et inférieure à celle de l'Afrique (4,9%).

Comparaison avec les voisins. La valeur ajoutée de la Somalie était supérieure à celle de Djibouti (657,2 millions de dollars); mais inférieure à celle du Kenya (21,0 milliards de dollars) et de l'Éthiopie (13,4 milliards de dollars). La valeur ajoutée par habitant en Somalie était inférieure à celle de Djibouti (847,2 de dollars), du Kenya (579,5 de dollars) et de l'Éthiopie (176,9 de dollars). La croissance de la valeur ajoutée en Somalie était inférieure à celle de l'Éthiopie (7,6%), de Djibouti (4,4%) et du Kenya (3,1%).

Comparaison avec les leaders. La valeur ajoutée de la Somalie était inférieure à celle des États-Unis (12,6 billions de dollars), du Japon (4,7 billions de dollars), de la Chine (2,6 billions de dollars), de l'Allemagne (2,5 billions de dollars) et du Royaume-Uni (2,1 billions de dollars). La valeur ajoutée par habitant en Somalie était inférieure à celle des États-Unis (42 840,8 de dollars), du Japon (36 383,0 de dollars), du Royaume-Uni (34 611,1 de dollars), de l'Allemagne (30 717,6 de dollars) et de la Chine (1 954,1 de dollars). La croissance de la valeur ajoutée en Somalie était supérieure à celle des États-Unis (1,7%), du Royaume-Uni (1,7%), de l'Allemagne (0,65%) et du Japon (0,27%); mais inférieure à celle de la Chine (10,2%).

Les années 2010

La valeur ajoutée de la Somalie était de 1,3 milliards de dollars par an dans les années 2010, se classant au 186ème rang mondial. La part dans le monde était de 0,0018% et de 0,059% en Afrique.

La valeur ajoutée totale de la Somalie était constituée de: agriculture (60,2%), services (12,5%), commerce (10,6%), transport (9,4%), construction (4,2%), industrie (3,2%).

La valeur ajoutée par habitant en Somalie était de 95.3 dollars dans les années 2010, au 211ème rang mondial. La valeur ajoutée par habitant en Somalie était 106,0 fois inférieure la valeur ajoutée par habitant au Monde (10 094,6 US$), et 19,8 fois inférieure la valeur ajoutée par habitant en Afrique (1 886,4 US$).

La croissance de la valeur ajoutée en Somalie était de 3.6% dans les années 2010, se classant au 89ème rang mondial, à égalité avec la Lituanie (3,6%), le Nigeria (3,6%), les Émirats arabes unis (3,6%). La croissance de la valeur ajoutée en Somalie (3,6%) a été supérieure à celle du monde (3,1%), et supérieure à celle de l'Afrique (2,7%).

Comparaison avec les voisins. La valeur ajoutée de la Somalie était 46,2 fois inférieure à celle du Kenya (60,1 milliards de dollars), 42,1 fois inférieure à celle de l'Éthiopie (54,8 milliards de dollars) et 37,9% inférieure à celle de Djibouti (2,1 milliards de dollars). La valeur ajoutée par habitant en Somalie était 24,3 fois inférieure à celle de Djibouti (2 310,7 de dollars), 13,3 fois inférieure à celle du Kenya (1 270,5 de dollars) et 5,8 fois inférieure à celle de l'Éthiopie (550,6 de dollars). La croissance de la valeur ajoutée en Somalie était inférieure à celle de l'Éthiopie (10,1%), de Djibouti (10,0%) et du Kenya (5,8%).

Comparaison avec les leaders. La valeur ajoutée de la Somalie était 13 799,3 fois inférieure à celle des États-Unis (18,0 billions de dollars), 8 071,4 fois inférieure à celle de la Chine (10,5 billions de dollars), 3 996,1 fois inférieure à celle du Japon (5,2 billions de dollars), 2 537,3 fois inférieure à celle de l'Allemagne (3,3 billions de dollars) et 1 897,9 fois inférieure à celle du Royaume-Uni (2,5 billions de dollars). La valeur ajoutée par habitant en Somalie était 590,1 fois inférieure à celle des États-Unis (56 220,3 de dollars), 426,8 fois inférieure à celle du Japon (40 660,3 de dollars), 423,5 fois inférieure à celle de l'Allemagne (40 346,4 de dollars), 395,3 fois inférieure à celle du Royaume-Uni (37 659,6 de dollars) et 78,6 fois inférieure à celle de la Chine (7 491,3 de dollars). La croissance de la valeur ajoutée en Somalie était supérieure à celle des États-Unis (2,2%), de l'Allemagne (1,9%), du Royaume-Uni (1,8%) et du Japon (1,3%); mais inférieure à celle de la Chine (7,7%).

Chapitre III. Revenu national brut

Le RNB de la Somalie est passé de 503,1 millions de dollars par an dans les années 1970 à 1,5 milliards de dollars par an dans les années 2010, c'est-à-dire 956,6 millions de dollars ou de 2,9 fois. La variation a été de 673,1 millions de dollars en raison de l'augmentation de 1,9 fois des prix, et de -855,8 millions de dollars en raison de la baisse de productivité de 2,1 fois, et de 1,1 milliards de dollars en raison de la croissance démographique. La croissance annuelle moyenne du RNB était de 1,6%. La valeur minimale était de 316,8 millions de dollars en 1970. La valeur maximale était de 2,5 milliards de dollars en 2008.

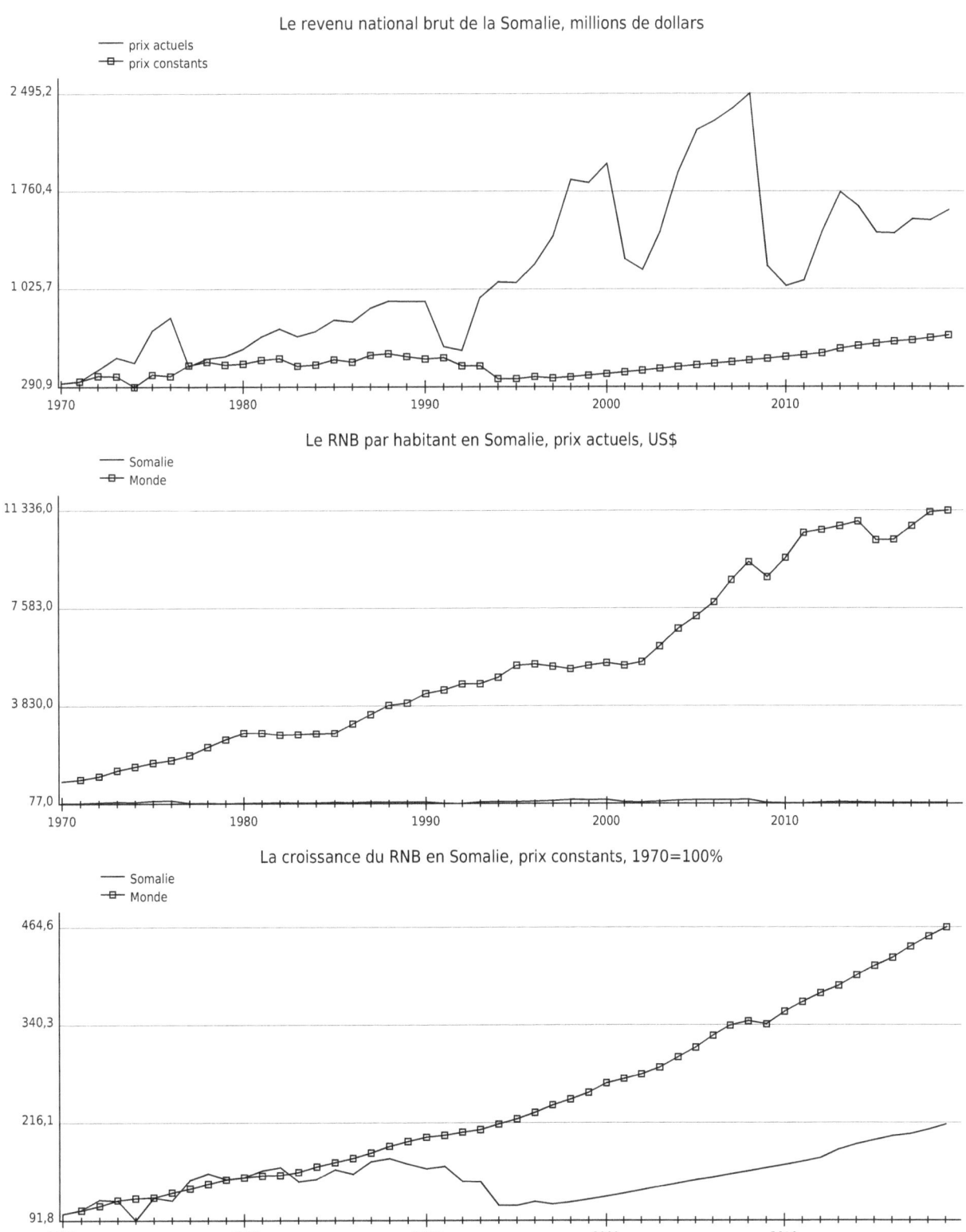

Les années 1970

Le RNB de la Somalie était de 503,1 millions de dollars par an dans les années 1970, se classant au 138ème rang mondial à égalité avec les Bermudes (506,4 millions de dollars), Macao (491,0 millions de dollars). La part dans le monde était de 0,0077% et de 0,19% en Afrique.

Le RNB par habitant en Somalie était de 120.2 dollars dans les années 1970, au 178ème rang mondial, à égalité avec la Birmanie (122,7 de dollars), la Guinée équatoriale (123,0 de dollars). Le revenu national brut par habitant en Somalie était 13,5 fois inférieur le revenu national brut par habitant au Monde (1 624,3 US$), et 5,3 fois inférieur le revenu national brut par habitant en Afrique (632,4 US$).

La croissance du RNB en Somalie était de 4.1% dans les années 1970, se classant au 98ème rang mondial, à égalité avec le Monde (4,1%), l'Europe du Sud (4,1%), le Canada (4,1%). La croissance du revenu national brut en Somalie (4,1%) a été supérieure à celle du monde (4,1%), et inférieure à celle de l'Afrique (4,7%).

Comparaison avec les voisins. Le revenu national brut de la Somalie était supérieur à celui de Djibouti (149,3 millions de dollars); mais inférieur à celui du Kenya (4,8 milliards de dollars) et de l'Éthiopie (3,9 milliards de dollars). Le revenu national brut par habitant en Somalie était supérieur à celui de l'Éthiopie (115,8 de dollars); mais inférieur à celui de Djibouti (649,6 de dollars) et du Kenya (358,1 de dollars). La croissance du revenu national brut en Somalie était supérieure à celle de Djibouti (2,4%) et de l'Éthiopie (2,4%); mais inférieure à celle du Kenya (5,2%).

Comparaison avec les leaders. Le revenu national brut de la Somalie était inférieur à celui des États-Unis (1,7 billions de dollars), de l'URSS (649,4 milliards de dollars), du Japon (558,5 milliards de dollars), de l'Allemagne (486,2 milliards de dollars) et de la France (334,3 milliards de dollars). Le revenu national brut par habitant en Somalie était inférieur à celui des États-Unis (7 837,2 de dollars), de la France (6 235,1 de dollars), de l'Allemagne (6 174,4 de dollars), du Japon (5 015,3 de dollars) et de l'URSS (2 574,9 de dollars). La croissance du revenu national brut en Somalie était supérieure à celle de la France (3,9%), des États-Unis (3,5%) et de l'Allemagne (3,0%); mais inférieure à celle de l'URSS (4,8%) et du Japon (4,7%).

Les années 1980

Le RNB de la Somalie était de 766,0 millions de dollars par an dans les années 1980, se situant au 146ème rang mondial. La part dans le monde était de 0,0051% et de 0,15% en Afrique.

Le revenu national brut par habitant en Somalie était de 114.3 dollars dans les années 1980, se situant au 184ème rang mondial. Le revenu national brut par habitant en Somalie était 27,3 fois inférieur le revenu national brut par habitant au Monde (3 117,1 US$), et 8,4 fois inférieur le revenu national brut par habitant en Afrique (957,8 US$).

La croissance du revenu national brut en Somalie était de 1.3% dans les années 1980, au 143ème rang mondial. La croissance du RNB en Somalie (1,3%) a été inférieure à celle du monde (3,0%), et inférieure à celle de l'Afrique (1,6%).

Comparaison avec les voisins. Le revenu national brut de la Somalie était supérieur à celui de Djibouti (335,3 millions de dollars); mais inférieur à celui du Kenya (10,1 milliards de dollars) et de l'Éthiopie (8,6 milliards de dollars). Le RNB par habitant en Somalie était inférieur à celui de Djibouti (765,0 de dollars), du Kenya (516,2 de dollars) et de l'Éthiopie (204,2 de dollars). La croissance du RNB en Somalie était supérieure à celle de Djibouti (0,75%); mais inférieure à celle du Kenya (4,4%) et de l'Éthiopie (3,1%).

Comparaison avec les leaders. Le RNB de la Somalie était inférieur à celui des États-Unis (4,2 billions de dollars), du Japon (1,8 billions de dollars), de l'Allemagne (996,5 milliards de dollars), de l'URSS (887,0 milliards de dollars) et de la France (732,1 milliards de dollars). Le RNB par habitant en Somalie était inférieur à celui des États-Unis (17 362,5 de dollars), du Japon (15 042,8 de dollars), de la France (12 952,6 de dollars), de l'Allemagne (12 771,0 de dollars) et de l'URSS (3 222,9 de dollars). La croissance du revenu national brut en Somalie était inférieure à celle du Japon (4,4%), de l'URSS (4,3%), des États-Unis (3,1%), de la France (2,3%) et de l'Allemagne (2,0%).

Les années 1990

Le RNB de la Somalie était de 1,2 milliards de dollars par an dans les années 1990, au 168ème rang mondial à égalité avec la République centrafricaine (1,2 milliards de dollars). La part dans le monde était de 0,0040% et de 0,20% en Afrique.

Le RNB par habitant en Somalie était de 150.5 dollars dans les années 1990, au 208ème rang mondial. Le revenu national brut par habitant en Somalie était 33,2 fois inférieur le RNB par habitant au Monde (4 991,4 US$), et 5,3 fois inférieur le RNB par habitant en

Chapitre III. Revenu national brut

Afrique (799,7 US$).

La croissance du revenu national brut en Somalie était de -3.1% dans les années 1990, se classant au 185ème rang mondial. La croissance du revenu national brut en Somalie (-3,1%) a été inférieure à celle du monde (2,8%), et inférieure à celle de l'Afrique (2,5%).

Comparaison avec les voisins. Le RNB de la Somalie était supérieur à celui de Djibouti (495,6 millions de dollars); mais inférieur à celui du Kenya (12,3 milliards de dollars) et de l'Éthiopie (8,8 milliards de dollars). Le RNB par habitant en Somalie était inférieur à celui de Djibouti (778,2 de dollars), du Kenya (450,5 de dollars) et de l'Éthiopie (156,3 de dollars). La croissance du RNB en Somalie était inférieure à celle du Kenya (2,5%), de Djibouti (2,4%) et de l'Éthiopie (0,67%).

Comparaison avec les leaders. Le revenu national brut de la Somalie était inférieur à celui des États-Unis (7,5 billions de dollars), du Japon (4,4 billions de dollars), de l'Allemagne (2,2 billions de dollars), de la France (1,4 billions de dollars) et du Royaume-Uni (1,3 billions de dollars). Le revenu national brut par habitant en Somalie était inférieur à celui du Japon (34 665,3 de dollars), des États-Unis (28 503,5 de dollars), de l'Allemagne (27 004,0 de dollars), de la France (24 286,5 de dollars) et du Royaume-Uni (23 037,3 de dollars). La croissance du RNB en Somalie était inférieure à celle des États-Unis (3,4%), de la France (2,2%), du Royaume-Uni (2,0%), de l'Allemagne (2,0%) et du Japon (1,5%).

Les années 2000

Le revenu national brut de la Somalie était de 1,8 milliards de dollars par an dans les années 2000, se classant au 170ème rang mondial. La part dans le monde était de 0,0039% et de 0,17% en Afrique.

Le revenu national brut par habitant en Somalie était de 178.1 dollars dans les années 2000, au 209ème rang mondial. Le revenu national brut par habitant en Somalie était 40,2 fois inférieur le revenu national brut par habitant au Monde (7 165,2 US$), et 6,7 fois inférieur le revenu national brut par habitant en Afrique (1 185,1 US$).

La croissance du RNB en Somalie était de 2.9% dans les années 2000, se situant au 136ème rang mondial, à égalité avec l'Océanie (2,9%), l'Australie (2,9%). La croissance du RNB en Somalie (2,9%) a été inférieure à celle du monde (3,0%), et inférieure à celle de l'Afrique (5,1%).

Comparaison avec les voisins. Le RNB de la Somalie était supérieur à celui de Djibouti (795,9 millions de dollars); mais inférieur à celui du Kenya (23,1 milliards de dollars) et de l'Éthiopie (14,2 milliards de dollars). Le revenu national brut par habitant en Somalie était inférieur à celui de Djibouti (1 026,1 de dollars), du Kenya (637,2 de dollars) et de l'Éthiopie (187,9 de dollars). La croissance du revenu national brut en Somalie était inférieure à celle de l'Éthiopie (8,0%), de Djibouti (6,0%) et du Kenya (3,7%).

Comparaison avec les leaders. Le revenu national brut de la Somalie était inférieur à celui des États-Unis (12,7 billions de dollars), du Japon (4,8 billions de dollars), de l'Allemagne (2,8 billions de dollars), de la Chine (2,6 billions de dollars) et du Royaume-Uni (2,3 billions de dollars). Le revenu national brut par habitant en Somalie était inférieur à celui des États-Unis (43 177,4 de dollars), du Royaume-Uni (38 514,5 de dollars), du Japon (37 144,2 de dollars), de l'Allemagne (34 189,0 de dollars) et de la Chine (1 950,5 de dollars). La croissance du revenu national brut en Somalie était supérieure à celle des États-Unis (1,8%), du Royaume-Uni (1,7%), de l'Allemagne (1,0%) et du Japon (0,62%); mais inférieure à celle de la Chine (10,4%).

Les années 2010

Le revenu national brut de la Somalie était de 1,5 milliards de dollars par an dans les années 2010, se classant au 185ème rang mondial à égalité avec la Gambie (1,5 milliards de dollars), Saint-Marin (1,5 milliards de dollars). La part dans le monde était de 0,0019% et de 0,065% en Afrique.

Le revenu national brut par habitant en Somalie était de 106.8 dollars dans les années 2010, se situant au 211ème rang mondial. Le RNB par habitant en Somalie était 99,3 fois inférieur le RNB par habitant au Monde (10 611,7 US$), et 17,9 fois inférieur le revenu national brut par habitant en Afrique (1 913,3 US$).

La croissance du revenu national brut en Somalie était de 3% dans les années 2010, se classant au 106ème rang mondial, à égalité avec la Roumanie (3,0%), le Honduras (3,0%), la Nouvelle-Zélande (3,1%). La croissance du revenu national brut en Somalie (3,0%) a été inférieure à celle du monde (3,1%), et supérieure à celle de l'Afrique (2,9%).

Comparaison avec les voisins. Le revenu national brut de la Somalie était 43,6 fois inférieur à celui du Kenya (63,6 milliards de dollars), 39,8 fois inférieur à celui de l'Éthiopie (58,1 milliards de dollars) et 38,6% inférieur à celui de Djibouti (2,4 milliards de dollars). Le RNB par habitant en Somalie était 24,6 fois inférieur à celui de Djibouti (2 623,2 de dollars), 12,6 fois inférieur à celui du Kenya (1 344,4 de dollars) et 5,5 fois inférieur à celui de l'Éthiopie (583,6 de dollars). La croissance du RNB en Somalie était inférieure à celle de l'Éthiopie (9,7%), de Djibouti (8,8%) et du Kenya (5,6%).

Comparaison avec les leaders. Le revenu national brut de la Somalie était 12 541,8 fois inférieur à celui des États-Unis (18,3 billions de dollars), 7 171,2 fois inférieur à celui de la Chine (10,5 billions de dollars), 3 698,9 fois inférieur à celui du Japon (5,4 billions de dollars), 2 568,5 fois inférieur à celui de l'Allemagne (3,7 billions de dollars) et 1 881,4 fois inférieur à celui de la France (2,7 billions de dollars). Le RNB par habitant en Somalie était 536,4 fois inférieur à celui des États-Unis (57 299,9 de dollars), 428,7 fois inférieur à celui de l'Allemagne (45 801,3 de dollars), 395,1 fois inférieur à celui du Japon (42 204,7 de dollars), 387,6 fois inférieur à celui de la France (41 404,4 de dollars) et 69,9 fois inférieur à celui de la Chine (7 463,8 de dollars). La croissance du revenu national brut en Somalie était supérieure à celle des États-Unis (2,5%), de l'Allemagne (2,0%), du Japon (1,4%) et de la France (1,4%); mais inférieure à celle de la Chine (7,7%).

Partie II. Structure

	Les années 2010
agriculture	60,2%
industrie	3,2%
construction	4,2%
commerce	10,6%
transport	9,4%
services	12,5%

Chapitre IV. Agriculture

Agriculture, chasse, sylviculture et pêche (ISIC A-B)

L'agriculture de la Somalie est passé de 277,6 millions de dollars par an dans les années 1970 à 783,3 millions de dollars par an dans les années 2010, c'est-à-dire 505,7 millions de dollars ou de 2,8 fois. La variation a été de 392,6 millions de dollars en raison de l'augmentation de 2,0 fois des prix, et de -515,4 millions de dollars en raison de la baisse de productivité de 2,3 fois, et de 628,6 millions de dollars en raison de la croissance démographique. La croissance annuelle moyenne de l'agriculture était de 1,0%. La valeur minimale était de 167,1 millions de dollars en 1971. La valeur maximale était de 1,4 milliards de dollars en 2008.

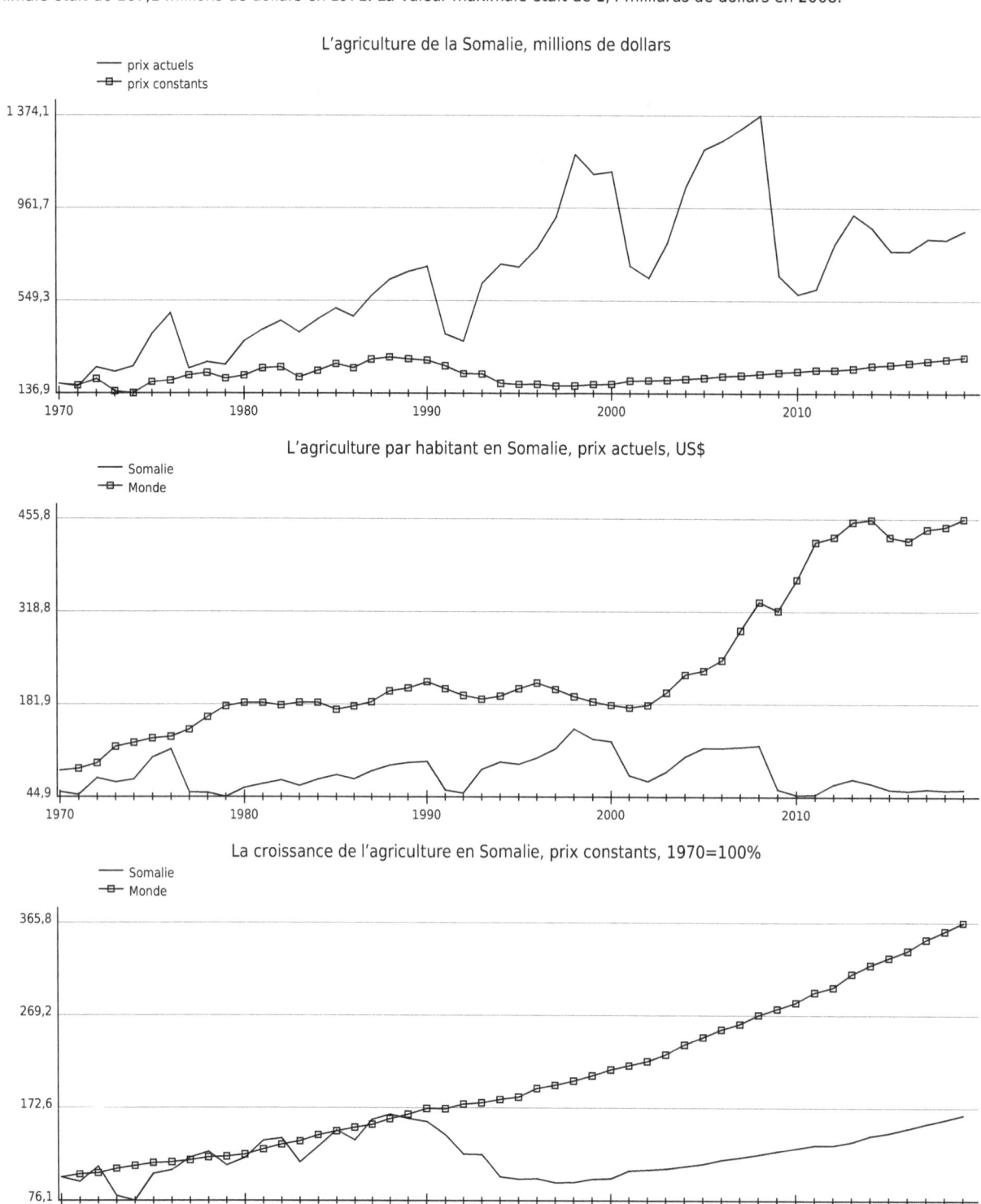

Chapitre IV. Agriculture

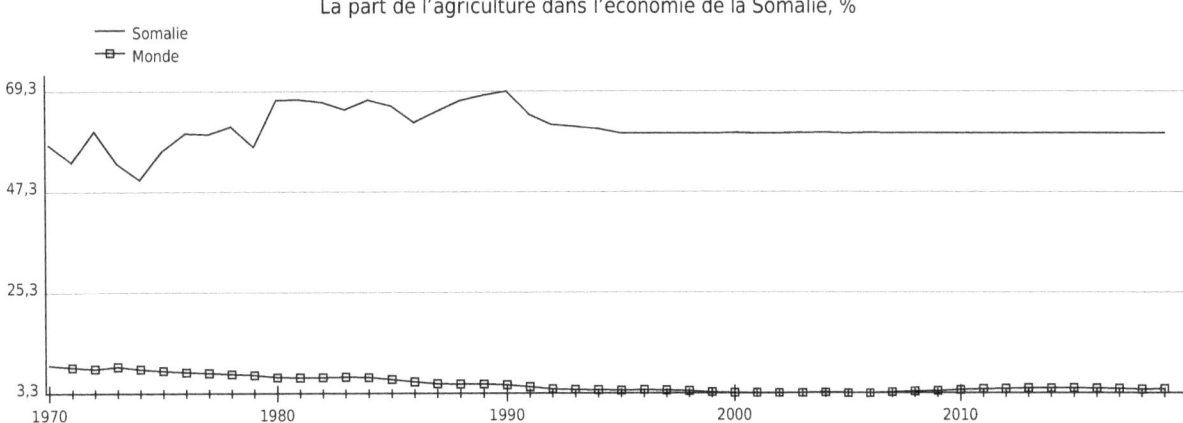

Les années 1970

L'agriculture de la Somalie était de 277,6 millions de dollars par an dans les années 1970, se classant au 100ème rang mondial à égalité avec la Libye (277,8 millions de dollars), la Zambie (273,1 millions de dollars). La part dans le monde était de 0,054% et de 0,60% en Afrique.

La part de l'agriculture dans l'économie de la Somalie était de 57,2% dans les années 1970, se situant au 6ème rang mondial, à égalité avec le Malawi (57,4%).

L'agriculture par habitant en Somalie était de 66.3 dollars dans les années 1970, au 139ème rang mondial, à égalité avec d'Haïti (66,3 de dollars), les Bermudes (66,7 de dollars), le Népal (67,4 de dollars). L'agriculture par habitant en Somalie était 48,0% inférieure l'agriculture par habitant au Monde (127,6 US$), et 40,9% inférieure l'agriculture par habitant en Afrique (112,2 US$).

La croissance de l'agriculture en Somalie était de 1.4% dans les années 1970, se classant au 131ème rang mondial. La croissance de l'agriculture en Somalie (1,4%) a été inférieure à celle du monde (2,2%), et inférieure à celle de l'Afrique (1,7%).

Comparaison avec les voisins. L'agriculture de la Somalie était supérieure à celle de Djibouti (7,2 millions de dollars); mais inférieure à celle de l'Éthiopie (1,8 milliards de dollars) et du Kenya (1,6 milliards de dollars). L'agriculture par habitant en Somalie était supérieure à celle de l'Éthiopie (54,8 de dollars) et de Djibouti (31,3 de dollars); mais inférieure à celle du Kenya (116,4 de dollars). La croissance de l'agriculture en Somalie était supérieure à celle de l'Éthiopie (0,88%) et de Djibouti (0,18%); mais inférieure à celle du Kenya (4,1%).

Comparaison avec les leaders. L'agriculture de la Somalie était inférieure à celle de l'URSS (88,7 milliards de dollars), de la Chine (49,5 milliards de dollars), des États-Unis (42,6 milliards de dollars), de l'Inde (36,0 milliards de dollars) et du Japon (25,8 milliards de dollars). L'agriculture par habitant en Somalie était supérieure à celle de l'Inde (58,3 de dollars) et de la Chine (54,2 de dollars); mais inférieure à celle de l'URSS (351,8 de dollars), du Japon (231,3 de dollars) et des États-Unis (195,0 de dollars). La croissance de l'agriculture en Somalie était supérieure à celle du Japon (0,52%), des États-Unis (0,34%) et de l'Inde (0,30%); mais inférieure à celle de l'URSS (7,0%) et de la Chine (2,4%).

Les années 1980

Le secteur de l'agriculture en Somalie était de 500,9 millions de dollars par an dans les années 1980, au 102ème rang mondial à égalité avec le Nicaragua (495,3 millions de dollars). La part dans le monde était de 0,056% et de 0,58% en Afrique.

La part de l'agriculture dans l'économie de la Somalie était de 66,4% dans les années 1980, au 1er rang mondial.

L'agriculture par habitant en Somalie était de 74.8 dollars dans les années 1980, se classant au 161ème rang mondial, à égalité avec le Tchad (76,3 de dollars). L'agriculture par habitant en Somalie était 2,5 fois inférieure l'agriculture par habitant au Monde (186,6 US$), et 2,1 fois inférieure l'agriculture par habitant en Afrique (159,2 US$).

La croissance de l'agriculture en Somalie était de 3.6% dans les années 1980, au 52ème rang mondial, à égalité avec le Brunei (3,6%), la république du Congo (3,7%). La croissance de l'agriculture en Somalie (3,6%) a été supérieure à celle du monde (3,1%), et supérieure à celle de l'Afrique (2,8%).

Comparaison avec les voisins. Le secteur de l'agriculture en Somalie était supérieur à celui de Djibouti (12,7 millions de dollars); mais inférieur à celui de l'Éthiopie (2,9 milliards de dollars) et du Kenya (2,8 milliards de dollars). L'agriculture par habitant en Somalie était supérieure à celle de l'Éthiopie (68,3 de dollars) et de Djibouti (28,9 de dollars); mais inférieure à celle du Kenya (145,3 de dollars). La croissance de l'agriculture en Somalie était supérieure à celle de Djibouti (2,2%) et de l'Éthiopie (0,57%); mais inférieure à celle du Kenya (3,7%).

Comparaison avec les leaders. Le secteur de l'agriculture en Somalie était inférieur à celui de l'URSS (125,8 milliards de dollars), de la Chine (94,9 milliards de dollars), de l'Inde (70,4 milliards de dollars), des États-Unis (68,7 milliards de dollars) et du Japon (49,7 milliards de dollars). L'agriculture par habitant en Somalie était inférieure à celle de l'URSS (457,2 de dollars), du Japon (410,0 de dollars), des États-Unis (286,8 de dollars), de l'Inde (90,7 de dollars) et de la Chine (88,5 de dollars). La croissance de l'agriculture en Somalie était supérieure à celle de l'URSS (2,8%) et du Japon (0,41%); mais inférieure à celle de la Chine (5,3%), de l'Inde (4,4%) et des États-Unis (3,7%).

Les années 1990

La valeur de l'agriculture en Somalie était de 752,8 millions de dollars par an dans les années 1990, au 110ème rang mondial à égalité avec la Moldavie (743,1 millions de dollars), la Lettonie (763,1 millions de dollars), d'Haïti (742,2 millions de dollars). La part dans le monde était de 0,066% et de 0,79% en Afrique.

La part de l'agriculture dans l'économie de la Somalie était de 61,4% dans les années 1990, au 2ème rang mondial, à égalité avec la Birmanie (61,0%).

L'agriculture par habitant en Somalie était de 98.5 dollars dans les années 1990, au 176ème rang mondial, à égalité avec le Sri Lanka (98,7 de dollars), le Niger (98,8 de dollars), le Kosovo (99,4 de dollars). L'agriculture par habitant en Somalie était 2,0 fois inférieure l'agriculture par habitant au Monde (199,8 US$), et 26,8% inférieure l'agriculture par habitant en Afrique (134,5 US$).

La croissance de l'agriculture en Somalie était de -4.8% dans les années 1990, se classant au 186ème rang mondial. La croissance de l'agriculture en Somalie (-4,8%) a été inférieure à celle du monde (2,2%), et inférieure à celle de l'Afrique (2,8%).

Comparaison avec les voisins. La valeur ajoutée de l'agriculture en Somalie était supérieure à celle de Djibouti (14,6 millions de dollars); mais inférieure à celle de l'Éthiopie (4,7 milliards de dollars) et du Kenya (3,1 milliards de dollars). L'agriculture par habitant en Somalie était supérieure à celle de l'Éthiopie (84,6 de dollars) et de Djibouti (22,9 de dollars); mais inférieure à celle du Kenya (112,2 de dollars). La croissance de l'agriculture en Somalie était inférieure à celle de l'Éthiopie (3,5%), de Djibouti (3,0%) et du Kenya (2,0%).

Comparaison avec les leaders. La valeur ajoutée de l'agriculture en Somalie était inférieure à celle de la Chine (139,0 milliards de dollars), des États-Unis (96,1 milliards de dollars), de l'Inde (91,4 milliards de dollars), du Japon (78,9 milliards de dollars) et du Brésil (36,8 milliards de dollars). L'agriculture par habitant en Somalie était supérieure à celle de l'Inde (95,6 de dollars); mais inférieure à celle du Japon (625,5 de dollars), des États-Unis (363,4 de dollars), du Brésil (228,7 de dollars) et de la Chine (112,7 de dollars). La croissance de l'agriculture en Somalie était inférieure à celle de la Chine (4,3%), du Brésil (3,0%), de l'Inde (2,8%), des États-Unis (2,6%) et du Japon (-1,8%).

Les années 2000

Le secteur de l'agriculture en Somalie était de 1,0 milliards de dollars par an dans les années 2000, se situant au 108ème rang mondial à égalité avec l'Arménie (1,0 milliards de dollars), la Géorgie (1,0 milliards de dollars). La part dans le monde était de 0,065% et de 0,62% en Afrique.

La part de l'agriculture dans l'économie de la Somalie était de 60,2% dans les années 2000, se classant au 2ème rang mondial.

L'agriculture par habitant en Somalie était de 98.8 dollars dans les années 2000, se classant au 185ème rang mondial, à égalité avec l'Afghanistan (98,7 de dollars), l'Afrique centrale (97,8 de dollars), le Mozambique (97,4 de dollars). L'agriculture par habitant en Somalie était 2,4 fois inférieure l'agriculture par habitant au Monde (240,3 US$), et 45,7% inférieure l'agriculture par habitant en Afrique (182,0 US$).

La croissance de l'agriculture en Somalie était de 2.6% dans les années 2000, se classant au 87ème rang mondial, à égalité avec l'Amérique du Sud (2,6%). La croissance de l'agriculture en Somalie (2,6%) a été inférieure à celle du monde (3,0%), et inférieure à celle de l'Afrique (5,1%).

Comparaison avec les voisins. Le secteur de l'agriculture en Somalie était supérieur à celui de Djibouti (24,1 millions de dollars); mais

Chapitre IV. Agriculture

inférieur à celui de l'Éthiopie (6,2 milliards de dollars) et du Kenya (5,1 milliards de dollars). L'agriculture par habitant en Somalie était supérieure à celle de l'Éthiopie (82,1 de dollars) et de Djibouti (31,1 de dollars); mais inférieure à celle du Kenya (141,6 de dollars). La croissance de l'agriculture en Somalie était supérieure à celle du Kenya (1,7%); mais inférieure à celle de l'Éthiopie (6,2%) et de Djibouti (3,6%).

Comparaison avec les leaders. L'agriculture de la Somalie était inférieure à celle de la Chine (297,7 milliards de dollars), de l'Inde (147,6 milliards de dollars), des États-Unis (122,5 milliards de dollars), du Japon (57,1 milliards de dollars) et du Nigeria (47,6 milliards de dollars). L'agriculture par habitant en Somalie était inférieure à celle du Japon (445,6 de dollars), des États-Unis (416,9 de dollars), du Nigeria (346,4 de dollars), de la Chine (224,5 de dollars) et de l'Inde (129,7 de dollars). La croissance de l'agriculture en Somalie était supérieure à celle de l'Inde (2,0%) et du Japon (-1,3%); mais inférieure à celle du Nigeria (10,1%), de la Chine (4,0%) et des États-Unis (3,6%).

Les années 2010

Le secteur de l'agriculture en Somalie était de 783,3 millions de dollars par an dans les années 2010, au 138ème rang mondial. La part dans le monde était de 0,025% et de 0,23% en Afrique.

La part de l'agriculture dans l'économie de la Somalie était de 60,2% dans les années 2010, se classant au 2ème rang mondial.

L'agriculture par habitant en Somalie était de 57.3 dollars dans les années 2010, se classant au 201ème rang mondial. L'agriculture par habitant en Somalie était 7,5 fois inférieure l'agriculture par habitant au Monde (432,1 US$), et 5,1 fois inférieure l'agriculture par habitant en Afrique (294,3 US$).

La croissance de l'agriculture en Somalie était de 2.6% dans les années 2010, au 80ème rang mondial, à égalité avec la Papouasie-Nouvelle-Guinée (2,6%). La croissance de l'agriculture en Somalie (2,6%) a été inférieure à celle du monde (2,9%), et inférieure à celle de l'Afrique (3,7%).

Comparaison avec les voisins. La valeur ajoutée de l'agriculture en Somalie était 24,9 fois supérieure à celle de Djibouti (31,4 millions de dollars); mais 27,1 fois inférieure à celle de l'Éthiopie (21,3 milliards de dollars) et 25,1 fois inférieure à celle du Kenya (19,6 milliards de dollars). L'agriculture par habitant en Somalie était 65,2% supérieure à celle de Djibouti (34,7 de dollars); mais 7,2 fois inférieure à celle du Kenya (415,4 de dollars) et 3,7 fois inférieure à celle de l'Éthiopie (213,5 de dollars). La croissance de l'agriculture en Somalie était supérieure à celle de Djibouti (-1,2%); mais inférieure à celle de l'Éthiopie (5,7%) et du Kenya (4,6%).

Comparaison avec les leaders. La valeur de l'agriculture en Somalie était 1 131,4 fois inférieure à celle de la Chine (886,2 milliards de dollars), 463,9 fois inférieure à celle de l'Inde (363,4 milliards de dollars), 230,2 fois inférieure à celle des États-Unis (180,3 milliards de dollars), 158,4 fois inférieure à celle de l'Indonésie (124,1 milliards de dollars) et 122,3 fois inférieure à celle du Nigeria (95,8 milliards de dollars). L'agriculture par habitant en Somalie était 11,0 fois inférieure à celle de la Chine (631,9 de dollars), 9,8 fois inférieure à celle des États-Unis (564,3 de dollars), 9,3 fois inférieure à celle du Nigeria (534,6 de dollars), 8,4 fois inférieure à celle de l'Indonésie (483,6 de dollars) et 4,9 fois inférieure à celle de l'Inde (279,1 de dollars). La croissance de l'agriculture en Somalie était supérieure à celle des États-Unis (2,0%); mais inférieure à celle de l'Inde (4,1%), de l'Indonésie (3,9%), de la Chine (3,8%) et du Nigeria (3,6%).

Chapitre V. Industrie

Exploitation minière, fabrication, services publics (ISIC C-E)

La valeur de l'industrie en Somalie est passé de 30,3 millions de dollars par an dans les années 1970 à 41,1 millions de dollars par an dans les années 2010, c'est-à-dire 10,8 millions de dollars ou de 35,7%. La variation a été de -12,3 millions de dollars en raison de la baisse de 1,3 fois du prix, et de -45,6 millions de dollars en raison de la baisse de productivité de 1,9 fois, et de 68,6 millions de dollars en raison de la croissance démographique. La croissance annuelle moyenne de l'industrie était de 1,8%. La valeur minimale était de 16,0 millions de dollars en 1992. La valeur maximale était de 72,1 millions de dollars en 2008.

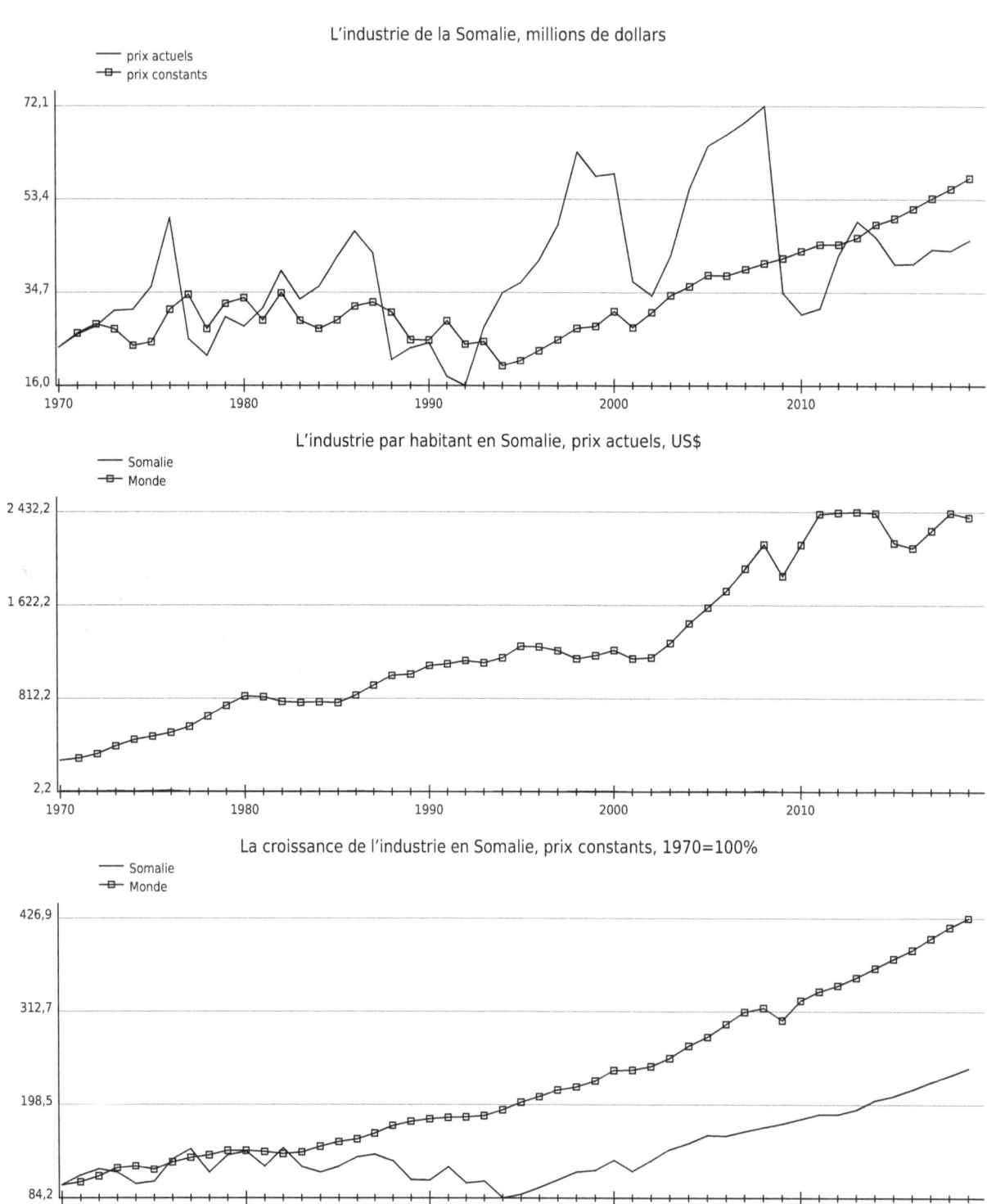

Chapitre V. Industrie

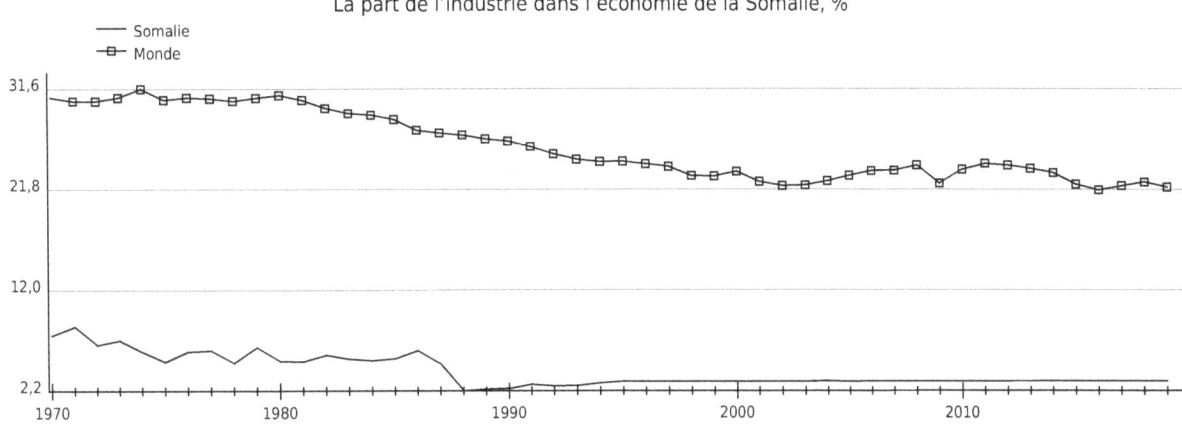

La part de l'industrie dans l'économie de la Somalie, %

Les années 1970

La valeur ajoutée de l'industrie en Somalie était de 30,3 millions de dollars par an dans les années 1970, se classant au 148ème rang mondial. La part dans le monde était de 0,0016% et de 0,041% en Afrique.

La part de l'industrie dans l'économie de la Somalie était de 6,2% dans les années 1970, se classant au 168ème rang mondial.

L'industrie par habitant en Somalie était de 7.2 dollars dans les années 1970, se classant au 182ème rang mondial. L'industrie par habitant en Somalie était 66,3 fois inférieure l'industrie par habitant au Monde (480,5 US$), et 25,0 fois inférieure l'industrie par habitant en Afrique (181,2 US$).

La croissance de l'industrie en Somalie était de 3.5% dans les années 1970, se situant au 120ème rang mondial. La croissance de l'industrie en Somalie (3,5%) a été inférieure à celle du monde (4,0%), et inférieure à celle de l'Afrique (5,5%).

Comparaison avec les voisins. La valeur de l'industrie en Somalie était supérieure à celle de Djibouti (16,1 millions de dollars); mais inférieure à celle du Kenya (1,1 milliards de dollars) et de l'Éthiopie (392,8 millions de dollars). L'industrie par habitant en Somalie était inférieure à celle du Kenya (84,1 de dollars), de Djibouti (69,8 de dollars) et de l'Éthiopie (11,8 de dollars). La croissance de l'industrie en Somalie était supérieure à celle de l'Éthiopie (3,5%) et de Djibouti (1,2%); mais inférieure à celle du Kenya (9,6%).

Comparaison avec les leaders. L'industrie de la Somalie était inférieure à celle des États-Unis (450,4 milliards de dollars), de l'URSS (248,8 milliards de dollars), du Japon (185,6 milliards de dollars), de l'Allemagne (158,4 milliards de dollars) et du Royaume-Uni (72,6 milliards de dollars). L'industrie par habitant en Somalie était inférieure à celle des États-Unis (2 063,8 de dollars), de l'Allemagne (2 011,9 de dollars), du Japon (1 666,5 de dollars), du Royaume-Uni (1 295,1 de dollars) et de l'URSS (986,6 de dollars). La croissance de l'industrie en Somalie était supérieure à celle des États-Unis (2,4%), de l'Allemagne (2,1%) et du Royaume-Uni (1,9%); mais inférieure à celle de l'URSS (5,2%) et du Japon (4,5%).

Les années 1980

Le secteur de l'industrie en Somalie était de 34,4 millions de dollars par an dans les années 1980, se classant au 154ème rang mondial à égalité avec Djibouti (35,0 millions de dollars), l'Andorre (33,7 millions de dollars). La part dans le monde était de 0,0008% et de 0,022% en Afrique.

La part de l'industrie dans l'économie de la Somalie était de 4,6% dans les années 1980, se situant au 179ème rang mondial.

L'industrie par habitant en Somalie était de 5.1 dollars dans les années 1980, se situant au 184ème rang mondial. L'industrie par habitant en Somalie était 168,0 fois inférieure l'industrie par habitant au Monde (861,8 US$), et 56,2 fois inférieure l'industrie par habitant en Afrique (288,5 US$).

La croissance de l'industrie en Somalie était de -2.5% dans les années 1980, au 172ème rang mondial. La croissance de l'industrie en Somalie (-2,5%) a été inférieure à celle du monde (2,3%), et inférieure à celle de l'Afrique (-0,99%).

Comparaison avec les voisins. La valeur de l'industrie en Somalie était inférieure à celle du Kenya (2,2 milliards de dollars), de l'Éthiopie (785,7 millions de dollars) et de Djibouti (35,0 millions de dollars). L'industrie par habitant en Somalie était inférieure à celle du Kenya (114,5 de dollars), de Djibouti (79,8 de dollars) et de l'Éthiopie (18,6 de dollars). La croissance de l'industrie en Somalie était inférieure à celle de l'Éthiopie (4,2%), du Kenya (3,9%) et de Djibouti (2,2%).

Comparaison avec les leaders. La valeur ajoutée de l'industrie en Somalie était inférieure à celle des États-Unis (1,0 billions de dollars), du Japon (566,4 milliards de dollars), de l'URSS (305,7 milliards de dollars), de l'Allemagne (297,5 milliards de dollars) et du Royaume-Uni (171,2 milliards de dollars). L'industrie par habitant en Somalie était inférieure à celle du Japon (4 670,2 de dollars), des États-Unis (4 176,6 de dollars), de l'Allemagne (3 812,7 de dollars), du Royaume-Uni (3 032,7 de dollars) et de l'URSS (1 110,8 de dollars). La croissance de l'industrie en Somalie était inférieure à celle de l'URSS (5,3%), du Japon (4,2%), des États-Unis (1,9%), du Royaume-Uni (1,4%) et de l'Allemagne (1,2%).

Les années 1990

La valeur de l'industrie en Somalie était de 36,8 millions de dollars par an dans les années 1990, se classant au 184ème rang mondial. La part dans le monde était de 0,0005% et de 0,023% en Afrique.

La part de l'industrie dans l'économie de la Somalie était de 3,0% dans les années 1990, au 208ème rang mondial.

L'industrie par habitant en Somalie était de 4.8 dollars dans les années 1990, se classant au 208ème rang mondial. L'industrie par habitant en Somalie était 244,3 fois inférieure l'industrie par habitant au Monde (1 175,6 US$), et 46,3 fois inférieure l'industrie par habitant en Afrique (222,8 US$).

La croissance de l'industrie en Somalie était de 1% dans les années 1990, au 146ème rang mondial, à égalité avec Saint-Vincent-et-les-Grenadines (1,0%), l'Italie (1,0%). La croissance de l'industrie en Somalie (1,0%) a été inférieure à celle du monde (2,5%), et inférieure à celle de l'Afrique (1,3%).

Comparaison avec les voisins. La valeur ajoutée de l'industrie en Somalie était inférieure à celle du Kenya (2,3 milliards de dollars), de l'Éthiopie (546,8 millions de dollars) et de Djibouti (40,3 millions de dollars). L'industrie par habitant en Somalie était inférieure à celle du Kenya (84,0 de dollars), de Djibouti (63,3 de dollars) et de l'Éthiopie (9,7 de dollars). La croissance de l'industrie en Somalie était supérieure à celle de Djibouti (-2,8%); mais inférieure à celle de l'Éthiopie (2,7%) et du Kenya (1,5%).

Comparaison avec les leaders. La valeur ajoutée de l'industrie en Somalie était inférieure à celle des États-Unis (1,5 billions de dollars), du Japon (1,2 billions de dollars), de l'Allemagne (534,0 milliards de dollars), de la Chine (285,9 milliards de dollars) et du Royaume-Uni (268,6 milliards de dollars). L'industrie par habitant en Somalie était inférieure à celle du Japon (9 400,9 de dollars), de l'Allemagne (6 621,6 de dollars), des États-Unis (5 704,4 de dollars), du Royaume-Uni (4 639,8 de dollars) et de la Chine (231,9 de dollars). La croissance de l'industrie en Somalie était supérieure à celle de l'Allemagne (0,33%); mais inférieure à celle de la Chine (13,1%), des États-Unis (2,8%), du Japon (1,3%) et du Royaume-Uni (1,2%).

Les années 2000

La valeur ajoutée de l'industrie en Somalie était de 53,3 millions de dollars par an dans les années 2000, se situant au 189ème rang mondial à égalité avec Saint-Martin (53,4 millions de dollars), Djibouti (53,5 millions de dollars). La part dans le monde était de 0,0005% et de 0,017% en Afrique.

La part de l'industrie dans l'économie de la Somalie était de 3,2% dans les années 2000, au 207ème rang mondial.

L'industrie par habitant en Somalie était de 5.2 dollars dans les années 2000, au 210ème rang mondial. L'industrie par habitant en Somalie était 303,8 fois inférieure l'industrie par habitant au Monde (1 573,8 US$), et 68,1 fois inférieure l'industrie par habitant en Afrique (352,5 US$).

La croissance de l'industrie en Somalie était de 4% dans les années 2000, se classant au 66ème rang mondial, à égalité avec le Koweït (4,0%), le Liban (4,0%), le Maroc (4,0%). La croissance de l'industrie en Somalie (4,0%) a été supérieure à celle du monde (2,9%), et supérieure à celle de l'Afrique (3,1%).

Comparaison avec les voisins. L'industrie de la Somalie était inférieure à celle du Kenya (3,5 milliards de dollars), de l'Éthiopie (964,9 millions de dollars) et de Djibouti (53,5 millions de dollars). L'industrie par habitant en Somalie était inférieure à celle du Kenya (97,5 de dollars), de Djibouti (69,0 de dollars) et de l'Éthiopie (12,8 de dollars). La croissance de l'industrie en Somalie était supérieure à celle du Kenya (3,1%); mais inférieure à celle de l'Éthiopie (6,9%) et de Djibouti (4,7%).

Comparaison avec les leaders. L'industrie de la Somalie était inférieure à celle des États-Unis (2,1 billions de dollars), du Japon (1,1 billions de dollars), de la Chine (1,1 billions de dollars), de l'Allemagne (629,4 milliards de dollars) et du Royaume-Uni (345,1 milliards de dollars). L'industrie par habitant en Somalie était inférieure à celle du Japon (8 848,8 de dollars), de l'Allemagne (7 732,1 de dollars), des États-Unis (7 144,5 de dollars), du Royaume-Uni (5 710,8 de dollars) et de la Chine (795,3 de dollars). La croissance de

Chapitre V. Industrie

l'industrie en Somalie était supérieure à celle des États-Unis (1,5%), de l'Allemagne (0,19%), du Japon (0,15%) et du Royaume-Uni (-1,1%); mais inférieure à celle de la Chine (11,1%).

Les années 2010

La valeur ajoutée de l'industrie en Somalie était de 41,1 millions de dollars par an dans les années 2010, se classant au 200ème rang mondial à égalité avec les Tonga (40,8 millions de dollars), Nauru (41,8 millions de dollars), la Dominique (40,5 millions de dollars). La part dans le monde était de 0,0002% et de 0,0072% en Afrique.

La part de l'industrie dans l'économie de la Somalie était de 3,2% dans les années 2010, se situant au 206ème rang mondial.

L'industrie par habitant en Somalie était de 3 dollars dans les années 2010, se classant au 211ème rang mondial. L'industrie par habitant en Somalie était 771,0 fois inférieure l'industrie par habitant au Monde (2 320,9 US$), et 162,5 fois inférieure l'industrie par habitant en Afrique (489,1 US$).

La croissance de l'industrie en Somalie était de 3.3% dans les années 2010, se classant au 83ème rang mondial, à égalité avec le Honduras (3,3%), le Vanuatu (3,3%), l'Afrique de l'Ouest (3,3%). La croissance de l'industrie en Somalie (3,3%) a été inférieure à celle du monde (3,5%), et supérieure à celle de l'Afrique (0,035%).

Comparaison avec les voisins. L'industrie de la Somalie était 193,0 fois inférieure à celle du Kenya (7,9 milliards de dollars), 88,8 fois inférieure à celle de l'Éthiopie (3,7 milliards de dollars) et 3,8 fois inférieure à celle de Djibouti (154,9 millions de dollars). L'industrie par habitant en Somalie était 56,8 fois inférieure à celle de Djibouti (170,8 de dollars), 55,8 fois inférieure à celle du Kenya (167,8 de dollars) et 12,2 fois inférieure à celle de l'Éthiopie (36,6 de dollars). La croissance de l'industrie en Somalie était inférieure à celle de l'Éthiopie (13,4%), de Djibouti (12,8%) et du Kenya (4,6%).

Comparaison avec les leaders. Le secteur de l'industrie en Somalie était 89 552,7 fois inférieur à celui de la Chine (3,7 billions de dollars), 66 660,1 fois inférieur à celui des États-Unis (2,7 billions de dollars), 28 943,6 fois inférieur à celui du Japon (1,2 billions de dollars), 20 423,0 fois inférieur à celui de l'Allemagne (840,0 milliards de dollars) et 10 780,2 fois inférieur à celui de l'Inde (443,4 milliards de dollars). L'industrie par habitant en Somalie était 3 409,0 fois inférieure à celle de l'Allemagne (10 261,3 de dollars), 3 091,4 fois inférieure à celle du Japon (9 305,3 de dollars), 2 850,8 fois inférieure à celle des États-Unis (8 581,2 de dollars), 872,5 fois inférieure à celle de la Chine (2 626,2 de dollars) et 113,1 fois inférieure à celle de l'Inde (340,6 de dollars). La croissance de l'industrie en Somalie était supérieure à celle de l'Allemagne (3,2%), du Japon (2,6%) et des États-Unis (2,2%); mais inférieure à celle de la Chine (7,5%) et de l'Inde (6,5%).

Chapitre 5.1. Fabrication

(ISIC D)

La fabrication de la Somalie est passé de 24,2 millions de dollars par an dans les années 1970 à 32,3 millions de dollars par an dans les années 2010, c'est-à-dire 8,1 millions de dollars ou de 33,5%. La variation a été de -8,5 millions de dollars en raison de la baisse de 1,3 fois du prix, et de -38,2 millions de dollars en raison de la baisse de productivité de 1,9 fois, et de 54,9 millions de dollars en raison de la croissance démographique. La croissance annuelle moyenne de l'industrie de transformation était de 1,5%. La valeur minimale était de 12,6 millions de dollars en 1992. La valeur maximale était de 56,7 millions de dollars en 2008.

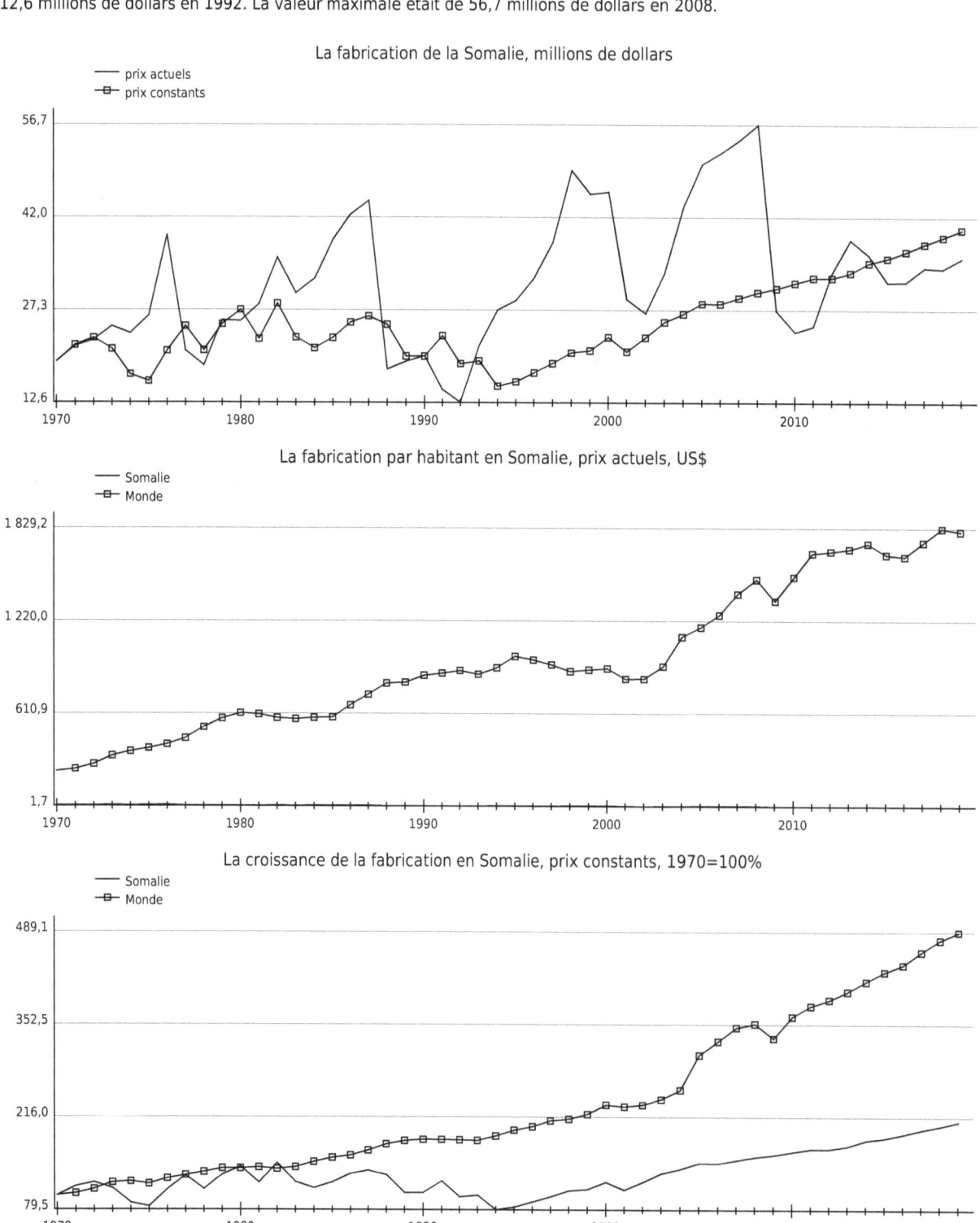

Chapitre 5.1. Fabrication

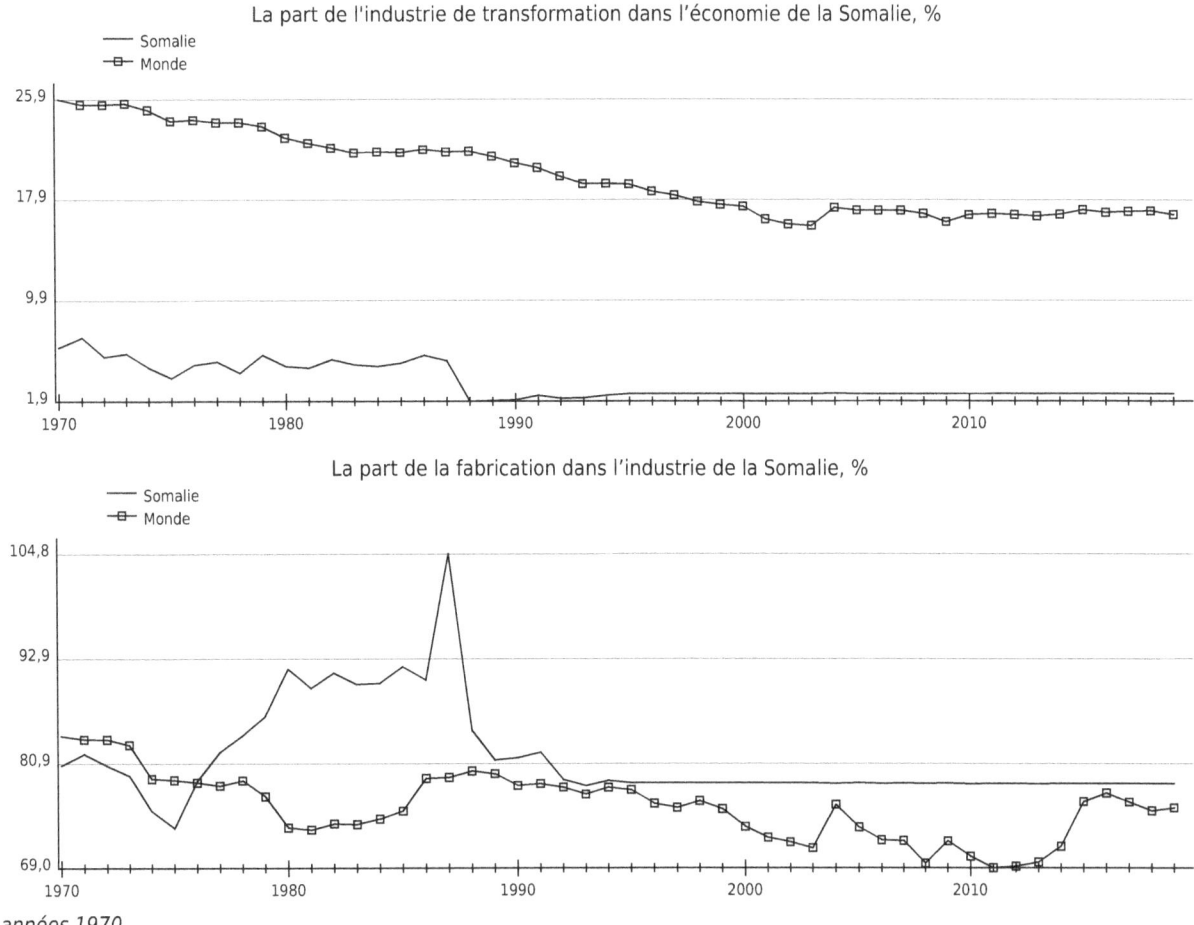

Les années 1970

Le secteur de l'industrie de transformation en Somalie était de 24,2 millions de dollars par an dans les années 1970, se classant au 145ème rang mondial. La part dans le monde était de 0,0016% et de 0,059% en Afrique.

La part de l'industrie de transformation dans l'économie de la Somalie était de 5,0% dans les années 1970, au 152ème rang mondial.

La fabrication par habitant en Somalie était de 5.8 dollars dans les années 1970, au 179ème rang mondial, à égalité avec les Palaos (5,8 de dollars). La fabrication par habitant en Somalie était 66,2 fois inférieure la fabrication par habitant au Monde (383,2 US$), et 17,2 fois inférieure la fabrication par habitant en Afrique (99,3 US$).

La croissance de l'industrie de transformation en Somalie était de 3% dans les années 1970, se classant au 133ème rang mondial, à égalité avec la Guinée (3,0%), le Laos (3,0%), le Pérou (3,0%). La croissance de la fabrication en Somalie (3,0%) a été inférieure à celle du monde (3,8%), et inférieure à celle de l'Afrique (4,9%).

Comparaison avec les voisins. La valeur ajoutée de l'industrie de transformation en Somalie était supérieure à celle de Djibouti (11,0 millions de dollars); mais inférieure à celle du Kenya (838,1 millions de dollars) et de l'Éthiopie (360,3 millions de dollars). La fabrication par habitant en Somalie était inférieure à celle du Kenya (62,5 de dollars), de Djibouti (48,0 de dollars) et de l'Éthiopie (10,8 de dollars). La croissance de la fabrication en Somalie était supérieure à celle de Djibouti (1,4%); mais inférieure à celle du Kenya (10,6%) et de l'Éthiopie (3,5%).

Comparaison avec les leaders. La valeur ajoutée de l'industrie de transformation en Somalie était inférieure à celle des États-Unis (378,0 milliards de dollars), de l'URSS (248,8 milliards de dollars), du Japon (169,3 milliards de dollars), de l'Allemagne (138,0 milliards de dollars) et de la France (64,5 milliards de dollars). La fabrication par habitant en Somalie était inférieure à celle de l'Allemagne (1 752,1 de dollars), des États-Unis (1 731,8 de dollars), du Japon (1 520,6 de dollars), de la France (1 203,0 de dollars) et de l'URSS (986,6 de dollars). La croissance de l'industrie de transformation en Somalie était supérieure à celle des États-Unis (2,7%) et de l'Allemagne (2,1%); mais inférieure à celle de l'URSS (5,2%), du Japon (4,5%) et de la France (3,5%).

Les années 1980

Le secteur de l'industrie de transformation en Somalie était de 31,4 millions de dollars par an dans les années 1980, se classant au 150ème rang mondial à égalité avec le Belize (30,7 millions de dollars). La part dans le monde était de 0,0010% et de 0,037% en Afrique.

La part de l'industrie de transformation dans l'économie de la Somalie était de 4,2% dans les années 1980, au 165ème rang mondial.

La fabrication par habitant en Somalie était de 4.7 dollars dans les années 1980, se classant au 184ème rang mondial. La fabrication par habitant en Somalie était 140,9 fois inférieure la fabrication par habitant au Monde (661,2 US$), et 33,6 fois inférieure la fabrication par habitant en Afrique (157,6 US$).

La croissance de la fabrication en Somalie était de -2.2% dans les années 1980, au 174ème rang mondial. La croissance de l'industrie de transformation en Somalie (-2,2%) a été inférieure à celle du monde (2,6%), et inférieure à celle de l'Afrique (2,0%).

Comparaison avec les voisins. La valeur ajoutée de l'industrie de transformation en Somalie était supérieure à celle de Djibouti (21,6 millions de dollars); mais inférieure à celle du Kenya (1,7 milliards de dollars) et de l'Éthiopie (713,5 millions de dollars). La fabrication par habitant en Somalie était inférieure à celle du Kenya (88,5 de dollars), de Djibouti (49,4 de dollars) et de l'Éthiopie (16,9 de dollars). La croissance de l'industrie de transformation en Somalie était inférieure à celle du Kenya (4,8%), de l'Éthiopie (3,9%) et de Djibouti (0,60%).

Comparaison avec les leaders. La fabrication de la Somalie était inférieure à celle des États-Unis (789,4 milliards de dollars), du Japon (501,0 milliards de dollars), de l'URSS (305,7 milliards de dollars), de l'Allemagne (258,7 milliards de dollars) et de l'Italie (134,1 milliards de dollars). La fabrication par habitant en Somalie était inférieure à celle du Japon (4 131,0 de dollars), de l'Allemagne (3 316,0 de dollars), des États-Unis (3 296,4 de dollars), de l'Italie (2 359,9 de dollars) et de l'URSS (1 110,8 de dollars). La croissance de l'industrie de transformation en Somalie était inférieure à celle de l'URSS (5,3%), du Japon (4,4%), de l'Italie (2,5%), des États-Unis (1,9%) et de l'Allemagne (1,2%).

Les années 1990

La valeur ajoutée de l'industrie de transformation en Somalie était de 29,1 millions de dollars par an dans les années 1990, au 178ème rang mondial à égalité avec la Guinée équatoriale (29,8 millions de dollars). La part dans le monde était de 0,0006% et de 0,033% en Afrique.

La part de l'industrie de transformation dans l'économie de la Somalie était de 2,4% dans les années 1990, se classant au 198ème rang mondial.

La fabrication par habitant en Somalie était de 3.8 dollars dans les années 1990, se classant au 207ème rang mondial. La fabrication par habitant en Somalie était 238,8 fois inférieure la fabrication par habitant au Monde (908,4 US$), et 32,8 fois inférieure la fabrication par habitant en Afrique (124,8 US$).

La croissance de l'industrie de transformation en Somalie était de 0.4% dans les années 1990, au 143ème rang mondial. La croissance de l'industrie de transformation en Somalie (0,45%) a été inférieure à celle du monde (2,0%), et inférieure à celle de l'Afrique (0,55%).

Comparaison avec les voisins. Le secteur de l'industrie de transformation en Somalie était supérieur à celui de Djibouti (13,1 millions de dollars); mais inférieur à celui du Kenya (1,8 milliards de dollars) et de l'Éthiopie (387,3 millions de dollars). La fabrication par habitant en Somalie était inférieure à celle du Kenya (67,2 de dollars), de Djibouti (20,6 de dollars) et de l'Éthiopie (6,9 de dollars). La croissance de la fabrication en Somalie était supérieure à celle de Djibouti (-2,8%); mais inférieure à celle de l'Éthiopie (2,0%) et du Kenya (1,7%).

Comparaison avec les leaders. La valeur ajoutée de la fabrication en Somalie était inférieure à celle des États-Unis (1,2 billions de dollars), du Japon (1,0 billions de dollars), de l'Allemagne (468,8 milliards de dollars), de l'Italie (227,8 milliards de dollars) et de la France (215,0 milliards de dollars). La fabrication par habitant en Somalie était inférieure à celle du Japon (8 305,2 de dollars), de l'Allemagne (5 813,5 de dollars), des États-Unis (4 707,3 de dollars), de l'Italie (3 994,1 de dollars) et de la France (3 621,1 de dollars). La croissance de l'industrie de transformation en Somalie était supérieure à celle de l'Allemagne (0,26%); mais inférieure à celle des États-Unis (3,2%), de la France (2,4%), de l'Italie (1,2%) et du Japon (1,1%).

Les années 2000

La fabrication de la Somalie était de 42,0 millions de dollars par an dans les années 2000, se situant au 185ème rang mondial. La part

Chapitre 5.1. Fabrication

dans le monde était de 0,0006% et de 0,032% en Afrique.

La part de l'industrie de transformation dans l'économie de la Somalie était de 2,5% dans les années 2000, au 197ème rang mondial.

La fabrication par habitant en Somalie était de 4.1 dollars dans les années 2000, au 210ème rang mondial. La fabrication par habitant en Somalie était 279,3 fois inférieure la fabrication par habitant au Monde (1 138,1 US$), et 35,5 fois inférieure la fabrication par habitant en Afrique (144,8 US$).

La croissance de l'industrie de transformation en Somalie était de 3.9% dans les années 2000, au 80ème rang mondial, à égalité avec la Bolivie (4,0%). La croissance de l'industrie de transformation en Somalie (3,9%) a été inférieure à celle du monde (4,2%), et supérieure à celle de l'Afrique (3,5%).

Comparaison avec les voisins. La valeur ajoutée de la fabrication en Somalie était supérieure à celle de Djibouti (17,8 millions de dollars); mais inférieure à celle du Kenya (2,9 milliards de dollars) et de l'Éthiopie (655,6 millions de dollars). La fabrication par habitant en Somalie était inférieure à celle du Kenya (79,2 de dollars), de Djibouti (22,9 de dollars) et de l'Éthiopie (8,7 de dollars). La croissance de l'industrie de transformation en Somalie était supérieure à celle du Kenya (2,8%); mais inférieure à celle de l'Éthiopie (7,0%) et de Djibouti (4,6%).

Comparaison avec les leaders. La valeur ajoutée de l'industrie de transformation en Somalie était inférieure à celle des États-Unis (1,6 billions de dollars), de la Chine (1,1 billions de dollars), du Japon (992,9 milliards de dollars), de l'Allemagne (551,4 milliards de dollars) et de l'Italie (277,2 milliards de dollars). La fabrication par habitant en Somalie était inférieure à celle du Japon (7 746,3 de dollars), de l'Allemagne (6 773,6 de dollars), des États-Unis (5 600,5 de dollars), de l'Italie (4 780,8 de dollars) et de la Chine (815,3 de dollars). La croissance de la fabrication en Somalie était supérieure à celle des États-Unis (1,6%), du Japon (0,32%), de l'Allemagne (0,097%) et de l'Italie (-1,3%).

Les années 2010

La valeur de l'industrie de transformation en Somalie était de 32,3 millions de dollars par an dans les années 2010, au 193ème rang mondial à égalité avec la Grenade (32,1 millions de dollars). La part dans le monde était de 0,0003% et de 0,013% en Afrique.

La part de la fabrication dans l'économie de la Somalie était de 2,5% dans les années 2010, se classant au 191ème rang mondial, à égalité avec les îles Cook (2,5%).

La fabrication par habitant en Somalie était de 2.4 dollars dans les années 2010, se classant au 211ème rang mondial. La fabrication par habitant en Somalie était 717,2 fois inférieure la fabrication par habitant au Monde (1 697,4 US$), et 87,1 fois inférieure la fabrication par habitant en Afrique (206,2 US$).

La croissance de la fabrication en Somalie était de 2.7% dans les années 2010, se situant au 116ème rang mondial, à égalité avec la Biélorussie (2,7%), le Pérou (2,7%), l'Europe du Nord (2,7%). La croissance de l'industrie de transformation en Somalie (2,7%) a été inférieure à celle du monde (3,9%), et inférieure à celle de l'Afrique (3,6%).

Comparaison avec les voisins. Le secteur de la fabrication en Somalie était 185,0 fois inférieur à celui du Kenya (6,0 milliards de dollars), 89,6 fois inférieur à celui de l'Éthiopie (2,9 milliards de dollars) et 45,0% inférieur à celui de Djibouti (58,8 millions de dollars). La fabrication par habitant en Somalie était 53,5 fois inférieure à celle du Kenya (126,5 de dollars), 27,4 fois inférieure à celle de Djibouti (64,8 de dollars) et 12,3 fois inférieure à celle de l'Éthiopie (29,1 de dollars). La croissance de l'industrie de transformation en Somalie était inférieure à celle de l'Éthiopie (14,9%), de Djibouti (13,0%) et du Kenya (3,4%).

Comparaison avec les leaders. La valeur ajoutée de l'industrie de transformation en Somalie était 96 330,6 fois inférieure à celle de la Chine (3,1 billions de dollars), 64 028,3 fois inférieure à celle des États-Unis (2,1 billions de dollars), 32 779,1 fois inférieure à celle du Japon (1,1 billions de dollars), 22 734,8 fois inférieure à celle de l'Allemagne (735,2 milliards de dollars) et 12 076,1 fois inférieure à celle de la Corée du Sud (390,5 milliards de dollars). La fabrication par habitant en Somalie était 3 794,9 fois inférieure à celle de l'Allemagne (8 981,7 de dollars), 3 501,0 fois inférieure à celle du Japon (8 286,2 de dollars), 3 263,2 fois inférieure à celle de la Corée du Sud (7 723,3 de dollars), 2 738,3 fois inférieure à celle des États-Unis (6 481,0 de dollars) et 938,5 fois inférieure à celle de la Chine (2 221,3 de dollars). La croissance de la fabrication en Somalie était supérieure à celle des États-Unis (1,9%); mais inférieure à celle de la Chine (7,5%), de la Corée du Sud (3,8%), de l'Allemagne (3,5%) et du Japon (3,0%).

Chapitre VI. Construction

(ISIC F)

Le secteur de la construction en Somalie est passé de 26,6 millions de dollars par an dans les années 1970 à 54,6 millions de dollars par an dans les années 2010, c'est-à-dire 28,1 millions de dollars ou de 2,1 fois. La variation a été de 13,9 millions de dollars en raison de l'augmentation de 1,3 fois des prix, et de -46,0 millions de dollars en raison de la baisse de productivité de 2,1 fois, et de 60,1 millions de dollars en raison de la croissance démographique. La croissance annuelle moyenne de la construction était de 1,6%. La valeur minimale était de 12,2 millions de dollars en 1983. La valeur maximale était de 95,9 millions de dollars en 2008.

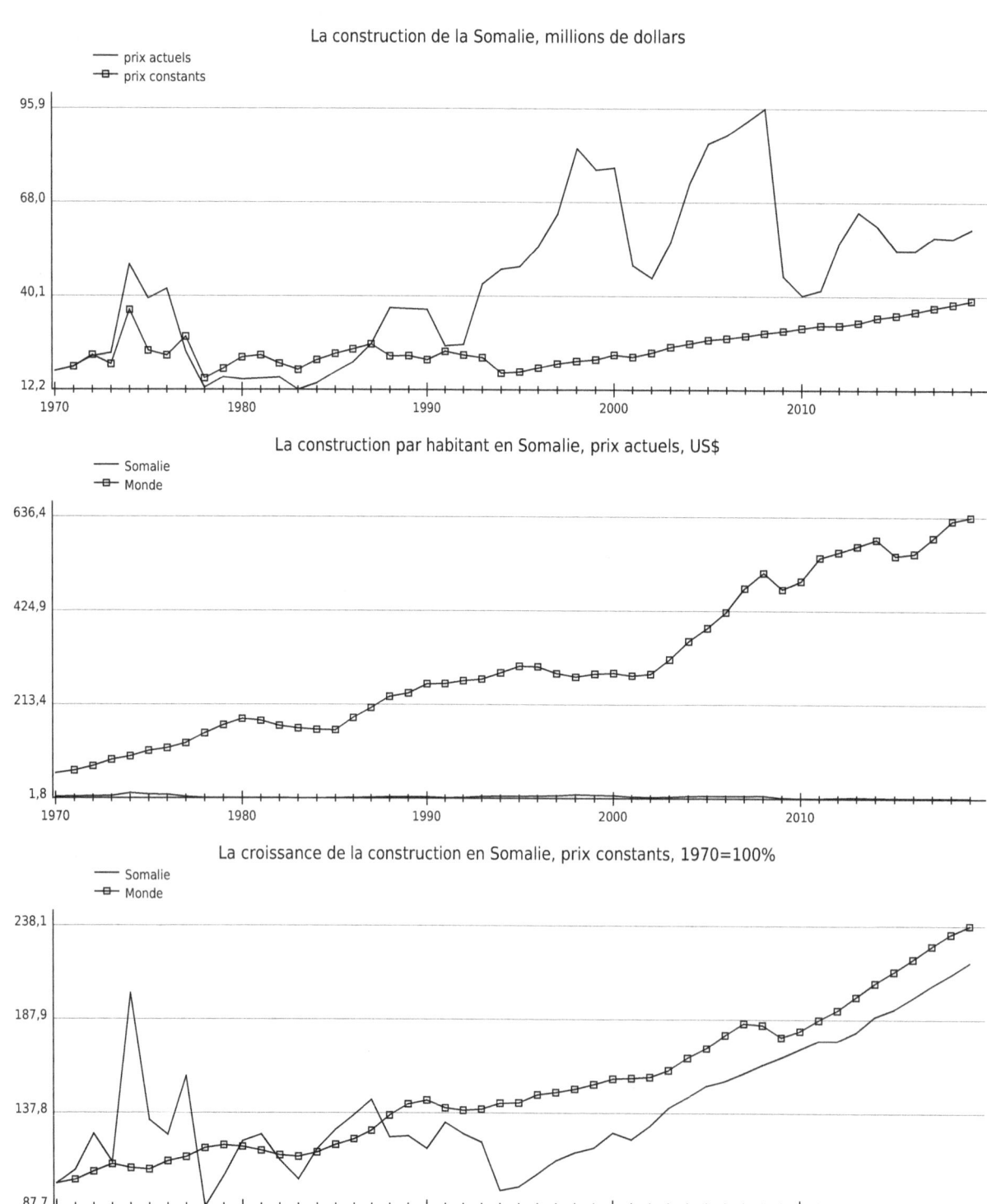

Chapitre VI. Construction

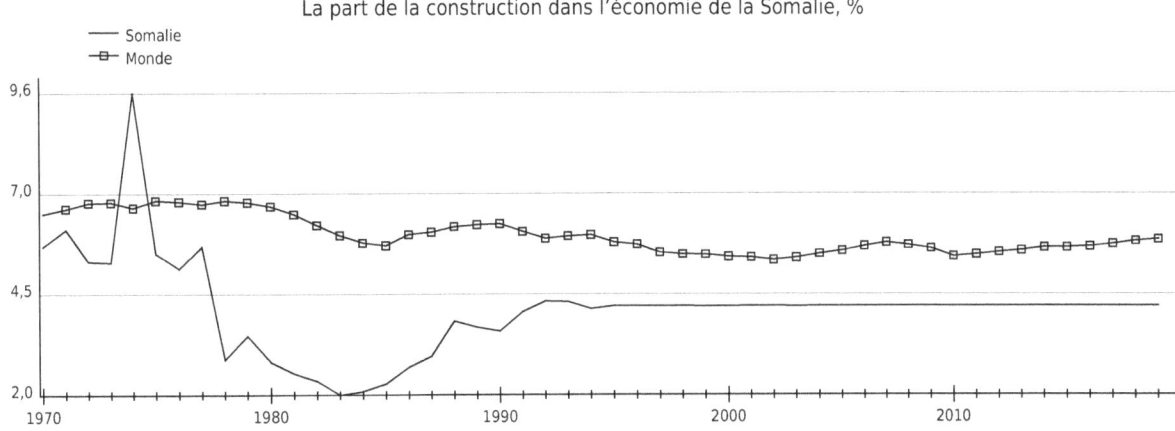

La part de la construction dans l'économie de la Somalie, %

Les années 1970

Le secteur de la construction en Somalie était de 26,6 millions de dollars par an dans les années 1970, au 132ème rang mondial à égalité avec les Bermudes (26,6 millions de dollars). La part dans le monde était de 0,0062% et de 0,16% en Afrique.

La part de la construction dans l'économie de la Somalie était de 5,5% dans les années 1970, au 109ème rang mondial, à égalité avec les Amériques (5,5%), d'Aruba (5,4%).

La construction par habitant en Somalie était de 6.3 dollars dans les années 1970, se situant au 169ème rang mondial. La construction par habitant en Somalie était 16,7 fois inférieure la construction par habitant au Monde (106,1 US$), et 6,3 fois inférieure la construction par habitant en Afrique (39,9 US$).

La croissance de la construction en Somalie était de 0.4% dans les années 1970, se classant au 155ème rang mondial. La croissance de la construction en Somalie (0,44%) a été inférieure à celle du monde (2,1%), et inférieure à celle de l'Afrique (4,5%).

Comparaison avec les voisins. La valeur de la construction en Somalie était supérieure à celle de Djibouti (9,0 millions de dollars); mais inférieure à celle du Kenya (159,6 millions de dollars) et de l'Éthiopie (145,3 millions de dollars). La construction par habitant en Somalie était supérieure à celle de l'Éthiopie (4,4 de dollars); mais inférieure à celle de Djibouti (39,0 de dollars) et du Kenya (11,9 de dollars). La croissance de la construction en Somalie était supérieure à celle de l'Éthiopie (-0,088%); mais inférieure à celle du Kenya (3,6%) et de Djibouti (3,2%).

Comparaison avec les leaders. La valeur de la construction en Somalie était inférieure à celle des États-Unis (81,1 milliards de dollars), de l'URSS (52,5 milliards de dollars), du Japon (43,5 milliards de dollars), de l'Allemagne (33,8 milliards de dollars) et de la France (22,4 milliards de dollars). La construction par habitant en Somalie était inférieure à celle de l'Allemagne (428,6 de dollars), de la France (417,3 de dollars), du Japon (390,8 de dollars), des États-Unis (371,5 de dollars) et de l'URSS (208,1 de dollars). La croissance de la construction en Somalie était supérieure à celle des États-Unis (0,31%); mais inférieure à celle de l'URSS (6,5%), du Japon (3,4%), de la France (2,0%) et de l'Allemagne (0,66%).

Les années 1980

La valeur de la construction en Somalie était de 21,0 millions de dollars par an dans les années 1980, se situant au 156ème rang mondial à égalité avec Saint-Marin (21,5 millions de dollars). La part dans le monde était de 0,0023% et de 0,073% en Afrique.

La part de la construction dans l'économie de la Somalie était de 2,8% dans les années 1980, se situant au 168ème rang mondial, à égalité avec Sierra Leone (2,8%).

La construction par habitant en Somalie était de 3.1 dollars dans les années 1980, se classant au 182ème rang mondial. La construction par habitant en Somalie était 59,5 fois inférieure la construction par habitant au Monde (186,2 US$), et 17,0 fois inférieure la construction par habitant en Afrique (53,3 US$).

La croissance de la construction en Somalie était de 1.9% dans les années 1980, se situant au 103ème rang mondial, à égalité avec le Gabon (1,9%). La croissance de la construction en Somalie (1,9%) a été supérieure à celle du monde (1,7%), et supérieure à celle de l'Afrique (0,41%).

Comparaison avec les voisins. La valeur de la construction en Somalie était inférieure à celle du Kenya (311,7 millions de dollars), de l'Éthiopie (268,0 millions de dollars) et de Djibouti (27,5 millions de dollars). La construction par habitant en Somalie était inférieure à celle de Djibouti (62,7 de dollars), du Kenya (15,9 de dollars) et de l'Éthiopie (6,3 de dollars). La croissance de la construction en Somalie était inférieure à celle de Djibouti (5,3%), de l'Éthiopie (2,8%) et du Kenya (2,0%).

Comparaison avec les leaders. Le secteur de la construction en Somalie était inférieur à celui des États-Unis (180,6 milliards de dollars), du Japon (138,7 milliards de dollars), de l'URSS (72,1 milliards de dollars), de l'Allemagne (57,8 milliards de dollars) et de la France (42,5 milliards de dollars). La construction par habitant en Somalie était inférieure à celle du Japon (1 143,9 de dollars), des États-Unis (754,4 de dollars), de la France (751,9 de dollars), de l'Allemagne (740,2 de dollars) et de l'URSS (262,0 de dollars). La croissance de la construction en Somalie était supérieure à celle des États-Unis (1,1%), de la France (0,67%) et de l'Allemagne (-0,52%); mais inférieure à celle de l'URSS (6,2%) et du Japon (2,1%).

Les années 1990

La construction de la Somalie était de 50,9 millions de dollars par an dans les années 1990, se classant au 167ème rang mondial à égalité avec le Suriname (50,8 millions de dollars), les Fidji (51,2 millions de dollars), Saint-Marin (51,7 millions de dollars). La part dans le monde était de 0,0032% et de 0,21% en Afrique.

La part de la construction dans l'économie de la Somalie était de 4,1% dans les années 1990, au 152ème rang mondial, à égalité avec l'Afrique centrale (4,1%).

La construction par habitant en Somalie était de 6.7 dollars dans les années 1990, au 203ème rang mondial, à égalité avec le Mozambique (6,7 de dollars). La construction par habitant en Somalie était 41,9 fois inférieure la construction par habitant au Monde (278,6 US$), et 5,2 fois inférieure la construction par habitant en Afrique (34,6 US$).

La croissance de la construction en Somalie était de -0.5% dans les années 1990, au 150ème rang mondial. La croissance de la construction en Somalie (-0,51%) a été inférieure à celle du monde (0,71%), et inférieure à celle de l'Afrique (2,8%).

Comparaison avec les voisins. La valeur ajoutée de la construction en Somalie était supérieure à celle de Djibouti (29,5 millions de dollars); mais inférieure à celle du Kenya (355,5 millions de dollars) et de l'Éthiopie (245,3 millions de dollars). La construction par habitant en Somalie était supérieure à celle de l'Éthiopie (4,4 de dollars); mais inférieure à celle de Djibouti (46,3 de dollars) et du Kenya (13,0 de dollars). La croissance de la construction en Somalie était supérieure à celle de Djibouti (-4,1%); mais inférieure à celle du Kenya (1,8%) et de l'Éthiopie (1,7%).

Comparaison avec les leaders. La construction de la Somalie était inférieure à celle du Japon (343,2 milliards de dollars), des États-Unis (299,1 milliards de dollars), de l'Allemagne (125,2 milliards de dollars), du Royaume-Uni (69,8 milliards de dollars) et de la France (68,8 milliards de dollars). La construction par habitant en Somalie était inférieure à celle du Japon (2 721,7 de dollars), de l'Allemagne (1 552,3 de dollars), du Royaume-Uni (1 205,1 de dollars), de la France (1 158,8 de dollars) et des États-Unis (1 131,2 de dollars). La croissance de la construction en Somalie était supérieure à celle de la France (-0,65%) et du Japon (-1,0%); mais inférieure à celle des États-Unis (1,8%), de l'Allemagne (-0,047%) et du Royaume-Uni (-0,34%).

Les années 2000

La valeur ajoutée de la construction en Somalie était de 71,0 millions de dollars par an dans les années 2000, se classant au 175ème rang mondial à égalité avec les Maldives (70,1 millions de dollars). La part dans le monde était de 0,0029% et de 0,15% en Afrique.

La part de la construction dans l'économie de la Somalie était de 4,2% dans les années 2000, se classant au 164ème rang mondial, à égalité avec d'Oman (4,2%), Nauru (4,2%), l'Ukraine (4,2%).

La construction par habitant en Somalie était de 6.9 dollars dans les années 2000, se classant au 206ème rang mondial. La construction par habitant en Somalie était 55,3 fois inférieure la construction par habitant au Monde (381,3 US$), et 7,8 fois inférieure la construction par habitant en Afrique (53,8 US$).

La croissance de la construction en Somalie était de 3.5% dans les années 2000, se situant au 118ème rang mondial, à égalité avec les Comores (3,4%), le Koweït (3,4%). La croissance de la construction en Somalie (3,5%) a été supérieure à celle du monde (1,5%), et inférieure à celle de l'Afrique (8,4%).

Comparaison avec les voisins. La valeur de la construction en Somalie était supérieure à celle de Djibouti (57,9 millions de dollars); mais inférieure à celle du Kenya (861,7 millions de dollars) et de l'Éthiopie (674,1 millions de dollars). La construction par habitant en Somalie était inférieure à celle de Djibouti (74,6 de dollars), du Kenya (23,8 de dollars) et de l'Éthiopie (8,9 de dollars). La croissance

Chapitre VI. Construction

de la construction en Somalie était inférieure à celle de l'Éthiopie (11,1%), de Djibouti (8,6%) et du Kenya (3,8%).

Comparaison avec les leaders. La construction de la Somalie était inférieure à celle des États-Unis (583,0 milliards de dollars), du Japon (270,5 milliards de dollars), de la Chine (150,1 milliards de dollars), du Royaume-Uni (132,1 milliards de dollars) et de l'Espagne (111,8 milliards de dollars). La construction par habitant en Somalie était inférieure à celle de l'Espagne (2 560,2 de dollars), du Royaume-Uni (2 186,4 de dollars), du Japon (2 110,1 de dollars), des États-Unis (1 983,7 de dollars) et de la Chine (113,1 de dollars). La croissance de la construction en Somalie était supérieure à celle de l'Espagne (1,7%), du Royaume-Uni (0,17%), des États-Unis (-2,6%) et du Japon (-3,9%); mais inférieure à celle de la Chine (11,9%).

Les années 2010

La valeur ajoutée de la construction en Somalie était de 54,6 millions de dollars par an dans les années 2010, au 186ème rang mondial à égalité avec la Micronésie (54,0 millions de dollars). La part dans le monde était de 0,0013% et de 0,043% en Afrique.

La part de la construction dans l'économie de la Somalie était de 4,2% dans les années 2010, au 165ème rang mondial, à égalité avec l'Afrique de l'Ouest (4,2%).

La construction par habitant en Somalie était de 4 dollars dans les années 2010, se situant au 211ème rang mondial. La construction par habitant en Somalie était 143,1 fois inférieure la construction par habitant au Monde (572,1 US$), et 27,4 fois inférieure la construction par habitant en Afrique (109,4 US$).

La croissance de la construction en Somalie était de 2.7% dans les années 2010, se situant au 113ème rang mondial, à égalité avec l'Europe du Nord (2,7%). La croissance de la construction en Somalie (2,7%) a été inférieure à celle du monde (2,9%), et inférieure à celle de l'Afrique (5,8%).

Comparaison avec les voisins. La valeur de la construction en Somalie était 136,3 fois inférieure à celle de l'Éthiopie (7,4 milliards de dollars), 59,6 fois inférieure à celle du Kenya (3,3 milliards de dollars) et 47,5% inférieure à celle de Djibouti (104,1 millions de dollars). La construction par habitant en Somalie était 28,7 fois inférieure à celle de Djibouti (114,8 de dollars), 18,7 fois inférieure à celle de l'Éthiopie (74,8 de dollars) et 17,2 fois inférieure à celle du Kenya (68,8 de dollars). La croissance de la construction en Somalie était inférieure à celle de l'Éthiopie (22,3%), du Kenya (9,8%) et de Djibouti (8,8%).

Comparaison avec les leaders. La valeur ajoutée de la construction en Somalie était 13 379,8 fois inférieure à celle de la Chine (731,1 milliards de dollars), 12 459,4 fois inférieure à celle des États-Unis (680,8 milliards de dollars), 5 099,8 fois inférieure à celle du Japon (278,7 milliards de dollars), 3 076,3 fois inférieure à celle de l'Inde (168,1 milliards de dollars) et 2 804,2 fois inférieure à celle de l'Allemagne (153,2 milliards de dollars). La construction par habitant en Somalie était 544,7 fois inférieure à celle du Japon (2 178,3 de dollars), 532,8 fois inférieure à celle des États-Unis (2 130,9 de dollars), 468,1 fois inférieure à celle de l'Allemagne (1 871,9 de dollars), 130,4 fois inférieure à celle de la Chine (521,3 de dollars) et 32,3 fois inférieure à celle de l'Inde (129,1 de dollars). La croissance de la construction en Somalie était supérieure à celle de l'Allemagne (1,8%), du Japon (1,7%) et des États-Unis (1,4%); mais inférieure à celle de la Chine (8,2%) et de l'Inde (5,2%).

Chapitre VII. Transport

Transport et stockage (ISIC I)

La valeur du transport en Somalie est passé de 32,7 millions de dollars par an dans les années 1970 à 122,2 millions de dollars par an dans les années 2010, c'est-à-dire 89,5 millions de dollars ou de 3,7 fois. La variation a été de 36,1 millions de dollars en raison de l'augmentation de 1,4 fois des prix, et de -20,6 millions de dollars en raison de la baisse de productivité de 1,2 fois, et de 74,0 millions de dollars en raison de la croissance démographique. La croissance annuelle moyenne du transport était de 2,7%. La valeur minimale était de 22,1 millions de dollars en 1970. La valeur maximale était de 215,4 millions de dollars en 2008.

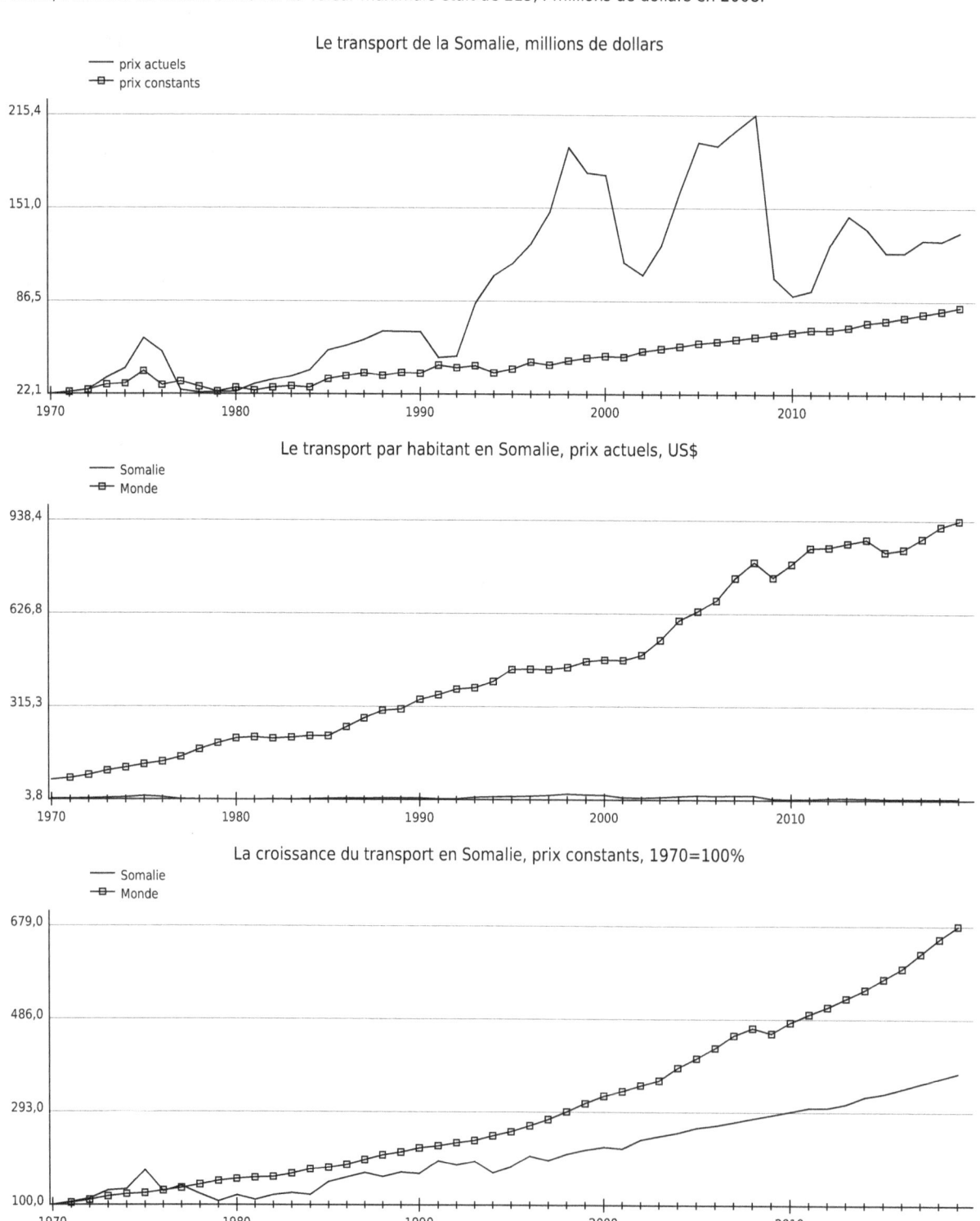

Chapitre VII. Transport

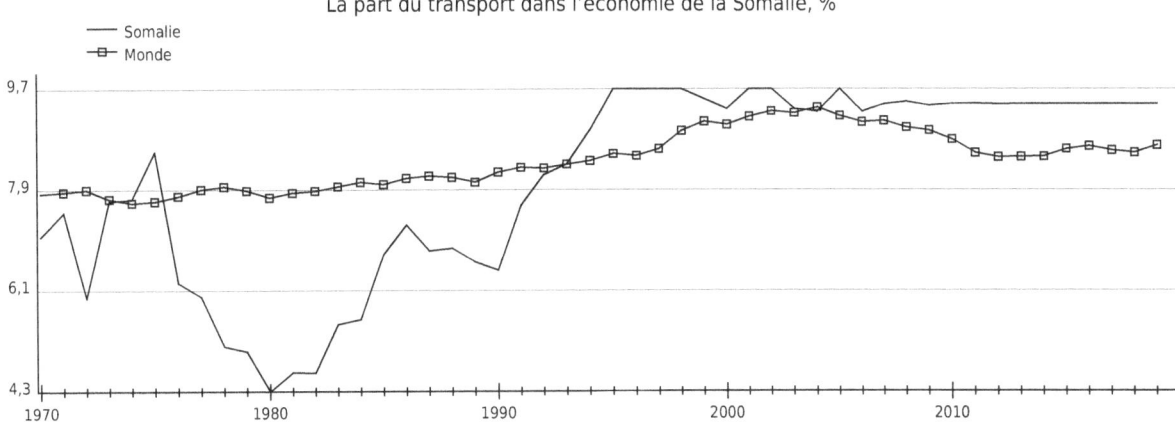

La part du transport dans l'économie de la Somalie, %

Les années 1970

Le secteur du transport en Somalie était de 32,7 millions de dollars par an dans les années 1970, au 127ème rang mondial à égalité avec le Malawi (32,0 millions de dollars), le Suriname (33,4 millions de dollars). La part dans le monde était de 0,0066% et de 0,14% en Afrique.

La part du transport dans l'économie de la Somalie était de 6,7% dans les années 1970, se classant au 100ème rang mondial, à égalité avec l'Asie (6,8%), le Costa Rica (6,8%), la Micronésie (6,8%).

Le transport par habitant en Somalie était de 7.8 dollars dans les années 1970, se situant au 166ème rang mondial. Le transport par habitant en Somalie était 15,7 fois inférieur le transport par habitant au Monde (122,3 US$), et 7,2 fois inférieur le transport par habitant en Afrique (55,9 US$).

La croissance du transport en Somalie était de 0.8% dans les années 1970, se situant au 171ème rang mondial. La croissance du transport en Somalie (0,78%) a été inférieure à celle du monde (4,6%), et inférieure à celle de l'Afrique (6,8%).

Comparaison avec les voisins. Le secteur du transport en Somalie était supérieur à celui de Djibouti (14,0 millions de dollars); mais inférieur à celui du Kenya (254,5 millions de dollars) et de l'Éthiopie (178,9 millions de dollars). Le transport par habitant en Somalie était supérieur à celui de l'Éthiopie (5,4 de dollars); mais inférieur à celui de Djibouti (60,8 de dollars) et du Kenya (19,0 de dollars). La croissance du transport en Somalie était inférieure à celle de l'Éthiopie (4,5%), du Kenya (4,2%) et de Djibouti (1,2%).

Comparaison avec les leaders. La valeur du transport en Somalie était inférieure à celle des États-Unis (168,6 milliards de dollars), du Japon (46,4 milliards de dollars), de l'Allemagne (29,6 milliards de dollars), de l'URSS (28,8 milliards de dollars) et de la France (24,0 milliards de dollars). Le transport par habitant en Somalie était inférieur à celui des États-Unis (772,4 de dollars), de la France (447,4 de dollars), du Japon (416,6 de dollars), de l'Allemagne (376,1 de dollars) et de l'URSS (114,0 de dollars). La croissance du transport en Somalie était inférieure à celle de l'URSS (8,1%), des États-Unis (4,2%), de la France (4,1%), de l'Allemagne (3,0%) et du Japon (1,7%).

Les années 1980

Le secteur du transport en Somalie était de 45,7 millions de dollars par an dans les années 1980, se situant au 139ème rang mondial à égalité avec la Palestine (46,8 millions de dollars). La part dans le monde était de 0,0039% et de 0,093% en Afrique.

La part du transport dans l'économie de la Somalie était de 6,1% dans les années 1980, se classant au 121ème rang mondial, à égalité avec le Suriname (6,0%), le Laos (6,0%).

Le transport par habitant en Somalie était de 6.8 dollars dans les années 1980, se classant au 178ème rang mondial. Le transport par habitant en Somalie était 35,5 fois inférieur le transport par habitant au Monde (242,0 US$), et 13,2 fois inférieur le transport par habitant en Afrique (90,3 US$).

La croissance du transport en Somalie était de 4.6% dans les années 1980, au 64ème rang mondial, à égalité avec les Fidji (4,5%), le Chili (4,6%). La croissance du transport en Somalie (4,6%) a été supérieure à celle du monde (3,4%), et supérieure à celle de l'Afrique (-0,23%).

Comparaison avec les voisins. Le transport de la Somalie était supérieur à celui de Djibouti (41,8 millions de dollars); mais inférieur à celui du Kenya (600,1 millions de dollars) et de l'Éthiopie (401,5 millions de dollars). Le transport par habitant en Somalie était inférieur à celui de Djibouti (95,3 de dollars), du Kenya (30,6 de dollars) et de l'Éthiopie (9,5 de dollars). La croissance du transport en Somalie était supérieure à celle de Djibouti (3,7%); mais inférieure à celle de l'Éthiopie (5,8%) et du Kenya (5,5%).

Comparaison avec les leaders. Le transport de la Somalie était inférieur à celui des États-Unis (394,9 milliards de dollars), du Japon (147,7 milliards de dollars), de l'Allemagne (56,6 milliards de dollars), de la France (56,2 milliards de dollars) et du Royaume-Uni (53,0 milliards de dollars). Le transport par habitant en Somalie était inférieur à celui des États-Unis (1 649,2 de dollars), du Japon (1 217,8 de dollars), de la France (993,7 de dollars), du Royaume-Uni (938,7 de dollars) et de l'Allemagne (725,5 de dollars). La croissance du transport en Somalie était supérieure à celle des États-Unis (3,6%), du Royaume-Uni (3,0%) et de l'Allemagne (1,8%); mais inférieure à celle de la France (5,4%) et du Japon (4,7%).

Les années 1990

La valeur du transport en Somalie était de 110,5 millions de dollars par an dans les années 1990, se situant au 151ème rang mondial à égalité avec le Malawi (110,3 millions de dollars), le Niger (111,7 millions de dollars), les Îles Caïmans (112,2 millions de dollars). La part dans le monde était de 0,0047% et de 0,25% en Afrique.

La part du transport dans l'économie de la Somalie était de 9,0% dans les années 1990, se situant au 80ème rang mondial, à égalité avec l'Autriche (9,0%), l'Espagne (9,0%), la Croatie (9,1%).

Le transport par habitant en Somalie était de 14.5 dollars dans les années 1990, se situant au 192ème rang mondial. Le transport par habitant en Somalie était 28,3 fois inférieur le transport par habitant au Monde (409,5 US$), et 4,4 fois inférieur le transport par habitant en Afrique (63,1 US$).

La croissance du transport en Somalie était de 2.5% dans les années 1990, au 141ème rang mondial. La croissance du transport en Somalie (2,5%) a été inférieure à celle du monde (4,0%), et inférieure à celle de l'Afrique (3,3%).

Comparaison avec les voisins. La valeur ajoutée du transport en Somalie était supérieure à celle de Djibouti (94,8 millions de dollars); mais inférieure à celle du Kenya (845,1 millions de dollars) et de l'Éthiopie (283,2 millions de dollars). Le transport par habitant en Somalie était supérieur à celui de l'Éthiopie (5,0 de dollars); mais inférieur à celui de Djibouti (148,8 de dollars) et du Kenya (30,9 de dollars). La croissance du transport en Somalie était supérieure à celle du Kenya (2,2%) et de l'Éthiopie (1,8%); mais inférieure à celle de Djibouti (3,7%).

Comparaison avec les leaders. La valeur ajoutée du transport en Somalie était inférieure à celle des États-Unis (702,6 milliards de dollars), du Japon (373,9 milliards de dollars), de l'Allemagne (144,3 milliards de dollars), de la France (118,7 milliards de dollars) et du Royaume-Uni (117,6 milliards de dollars). Le transport par habitant en Somalie était inférieur à celui du Japon (2 965,8 de dollars), des États-Unis (2 656,9 de dollars), du Royaume-Uni (2 031,3 de dollars), de la France (1 999,2 de dollars) et de l'Allemagne (1 789,0 de dollars). La croissance du transport en Somalie était inférieure à celle des États-Unis (5,0%), de la France (4,8%), du Royaume-Uni (4,7%), de l'Allemagne (3,9%) et du Japon (3,0%).

Les années 2000

Le secteur du transport en Somalie était de 159,2 millions de dollars par an dans les années 2000, au 163ème rang mondial. La part dans le monde était de 0,0039% et de 0,18% en Afrique.

La part du transport dans l'économie de la Somalie était de 9,4% dans les années 2000, se situant au 96ème rang mondial, à égalité avec Monaco (9,4%), l'Europe de l'Ouest (9,4%), les États-Unis (9,4%).

Le transport par habitant en Somalie était de 15.5 dollars dans les années 2000, se situant au 204ème rang mondial, à égalité avec le Niger (15,4 de dollars). Le transport par habitant en Somalie était 40,2 fois inférieur le transport par habitant au Monde (621,1 US$), et 6,4 fois inférieur le transport par habitant en Afrique (99,3 US$).

La croissance du transport en Somalie était de 3% dans les années 2000, au 150ème rang mondial. La croissance du transport en Somalie (3,0%) a été inférieure à celle du monde (3,9%), et inférieure à celle de l'Afrique (7,8%).

Comparaison avec les voisins. Le secteur du transport en Somalie était inférieur à celui du Kenya (2,0 milliards de dollars), de l'Éthiopie (546,1 millions de dollars) et de Djibouti (174,8 millions de dollars). Le transport par habitant en Somalie était supérieur à celui de l'Éthiopie (7,2 de dollars); mais inférieur à celui de Djibouti (225,3 de dollars) et du Kenya (55,4 de dollars). La croissance du transport en Somalie était supérieure à celle de Djibouti (2,8%); mais inférieure à celle de l'Éthiopie (10,2%) et du Kenya (8,2%).

Chapitre VII. Transport

Comparaison avec les leaders. Le transport de la Somalie était inférieur à celui des États-Unis (1,2 billions de dollars), du Japon (468,5 milliards de dollars), de l'Allemagne (228,2 milliards de dollars), du Royaume-Uni (215,9 milliards de dollars) et de la France (185,6 milliards de dollars). Le transport par habitant en Somalie était inférieur à celui des États-Unis (4 029,0 de dollars), du Japon (3 655,1 de dollars), du Royaume-Uni (3 572,9 de dollars), de la France (2 955,1 de dollars) et de l'Allemagne (2 803,7 de dollars). La croissance du transport en Somalie était supérieure à celle de la France (2,7%) et du Japon (1,5%); mais inférieure à celle de l'Allemagne (3,4%), du Royaume-Uni (3,1%) et des États-Unis (3,1%).

Les années 2010

Le secteur du transport en Somalie était de 122,2 millions de dollars par an dans les années 2010, se situant au 181ème rang mondial. La part dans le monde était de 0,0019% et de 0,060% en Afrique.

La part du transport dans l'économie de la Somalie était de 9,4% dans les années 2010, au 94ème rang mondial, à égalité avec les Amériques (9,4%), la Tanzanie (9,4%), la Norvège (9,3%).

Le transport par habitant en Somalie était de 8.9 dollars dans les années 2010, se situant au 210ème rang mondial. Le transport par habitant en Somalie était 96,7 fois inférieur le transport par habitant au Monde (864,8 US$), et 19,4 fois inférieur le transport par habitant en Afrique (173,7 US$).

La croissance du transport en Somalie était de 2.7% dans les années 2010, au 148ème rang mondial, à égalité avec la Tchéquie (2,7%). La croissance du transport en Somalie (2,7%) a été inférieure à celle du monde (4,0%), et inférieure à celle de l'Afrique (3,8%).

Comparaison avec les voisins. Le transport de la Somalie était 49,5 fois inférieur à celui du Kenya (6,0 milliards de dollars), 19,4 fois inférieur à celui de l'Éthiopie (2,4 milliards de dollars) et 4,3 fois inférieur à celui de Djibouti (529,4 millions de dollars). Le transport par habitant en Somalie était 65,3 fois inférieur à celui de Djibouti (584,1 de dollars), 14,3 fois inférieur à celui du Kenya (127,9 de dollars) et 2,7 fois inférieur à celui de l'Éthiopie (23,8 de dollars). La croissance du transport en Somalie était inférieure à celle de l'Éthiopie (13,5%), de Djibouti (8,6%) et du Kenya (7,7%).

Comparaison avec les leaders. La valeur ajoutée du transport en Somalie était 14 636,9 fois inférieure à celle des États-Unis (1,8 billions de dollars), 4 336,3 fois inférieure à celle du Japon (529,8 milliards de dollars), 3 799,5 fois inférieure à celle de la Chine (464,2 milliards de dollars), 2 455,5 fois inférieure à celle de l'Allemagne (300,0 milliards de dollars) et 2 109,5 fois inférieure à celle du Royaume-Uni (257,7 milliards de dollars). Le transport par habitant en Somalie était 626,0 fois inférieur à celui des États-Unis (5 597,8 de dollars), 463,1 fois inférieur à celui du Japon (4 141,7 de dollars), 439,4 fois inférieur à celui du Royaume-Uni (3 929,2 de dollars), 409,9 fois inférieur à celui de l'Allemagne (3 665,2 de dollars) et 37,0 fois inférieur à celui de la Chine (331,0 de dollars). La croissance du transport en Somalie était supérieure à celle du Japon (0,81%); mais inférieure à celle de la Chine (7,5%), des États-Unis (5,1%), du Royaume-Uni (2,8%) et de l'Allemagne (2,7%).

Chapitre VIII. Commerce

Commerce de gros et de détail; restaurants et hôtels (ISIC G-H)

Le secteur du commerce en Somalie est passé de 48,5 millions de dollars par an dans les années 1970 à 138,2 millions de dollars par an dans les années 2010, c'est-à-dire 89,8 millions de dollars ou de 2,9 fois. La variation a été de 31,9 millions de dollars en raison de l'augmentation de 1,3 fois des prix, et de -51,9 millions de dollars en raison de la baisse de productivité de 1,5 fois, et de 109,7 millions de dollars en raison de la croissance démographique. La croissance annuelle moyenne du commerce était de 2,6%. La valeur minimale était de 29,2 millions de dollars en 1970. La valeur maximale était de 242,6 millions de dollars en 2008.

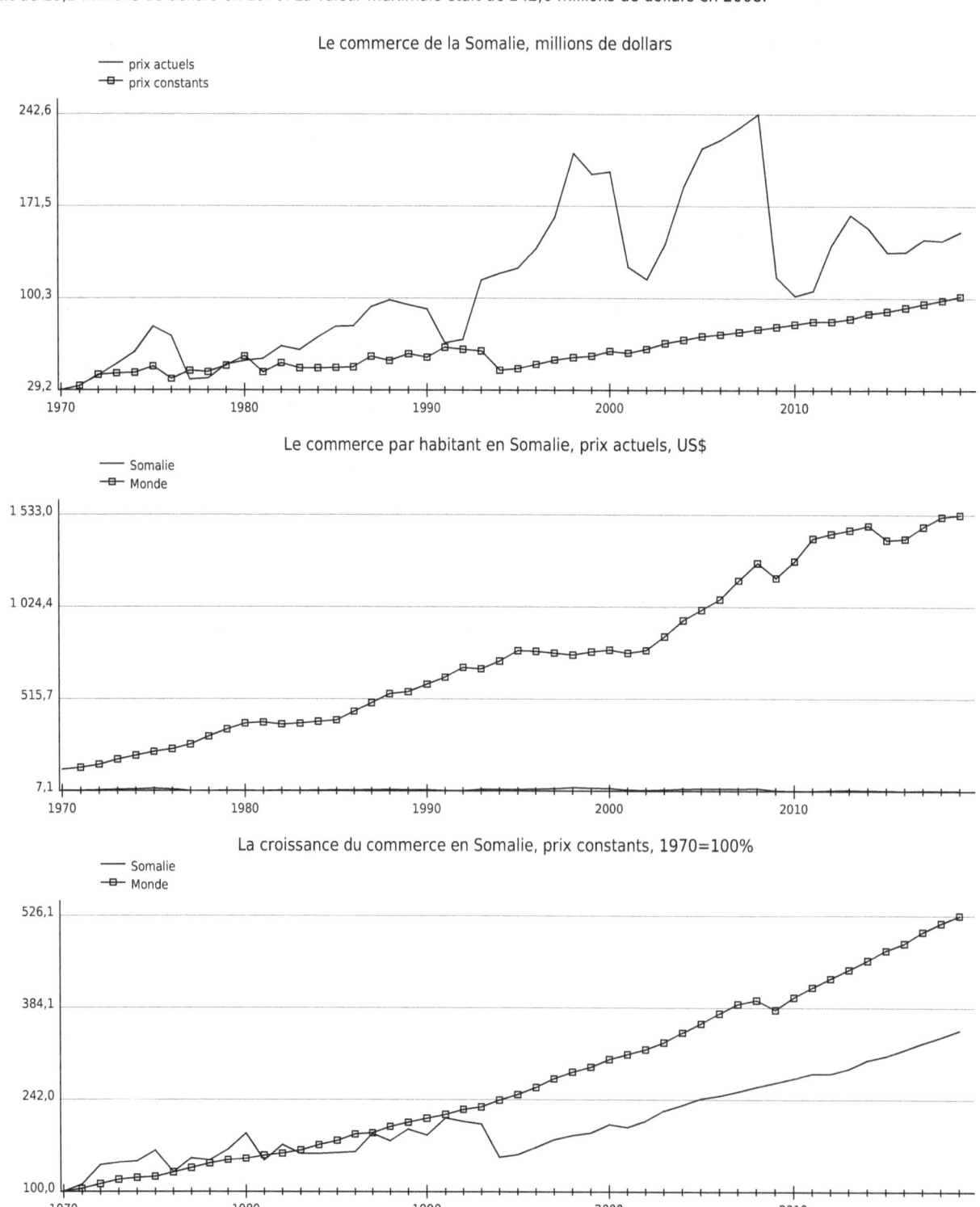

Chapitre VIII. Commerce

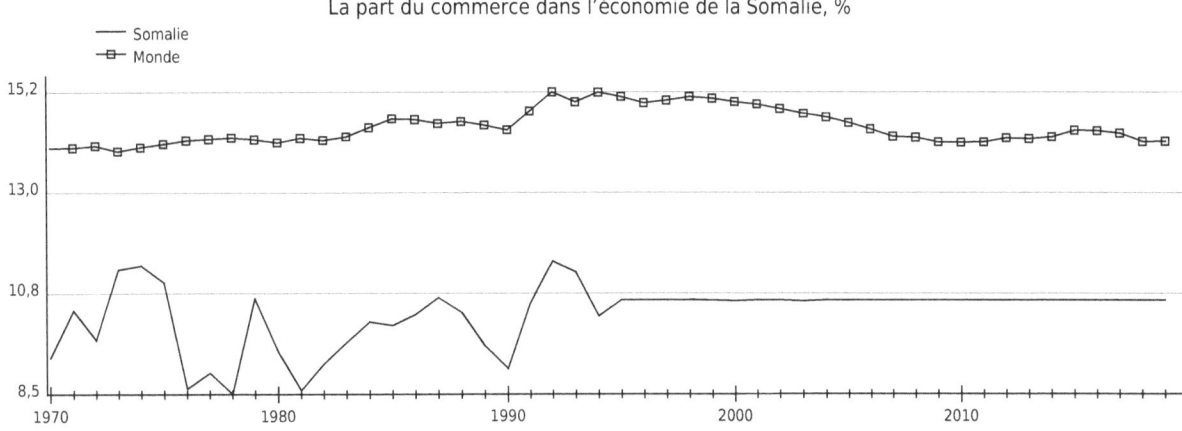

Les années 1970

Le commerce de la Somalie était de 48,5 millions de dollars par an dans les années 1970, se situant au 142ème rang mondial à égalité avec le Mali (48,4 millions de dollars). La part dans le monde était de 0,0054% et de 0,16% en Afrique.

La part du commerce dans l'économie de la Somalie était de 10,0% dans les années 1970, au 149ème rang mondial.

Le commerce par habitant en Somalie était de 11.6 dollars dans les années 1970, se situant au 175ème rang mondial, à égalité avec le Viêt Nam (11,5 de dollars). Le commerce par habitant en Somalie était 19,1 fois inférieur le commerce par habitant au Monde (221,0 US$), et 6,4 fois inférieur le commerce par habitant en Afrique (73,8 US$).

La croissance du commerce en Somalie était de 5.7% dans les années 1970, se classant au 72ème rang mondial, à égalité avec la Polynésie (5,7%), d'Haïti (5,7%), la Grèce (5,7%). La croissance du commerce en Somalie (5,7%) a été supérieure à celle du monde (4,5%), et supérieure à celle de l'Afrique (4,6%).

Comparaison avec les voisins. Le secteur du commerce en Somalie était inférieur à celui de l'Éthiopie (342,6 millions de dollars), du Kenya (264,7 millions de dollars) et de Djibouti (53,0 millions de dollars). Le commerce par habitant en Somalie était supérieur à celui de l'Éthiopie (10,3 de dollars); mais inférieur à celui de Djibouti (230,7 de dollars) et du Kenya (19,7 de dollars). La croissance du commerce en Somalie était supérieure à celle du Kenya (1,9%), de l'Éthiopie (1,8%) et de Djibouti (1,5%).

Comparaison avec les leaders. La valeur du commerce en Somalie était inférieure à celle des États-Unis (278,3 milliards de dollars), du Japon (90,3 milliards de dollars), de l'URSS (62,3 milliards de dollars), de l'Allemagne (61,1 milliards de dollars) et de la France (40,9 milliards de dollars). Le commerce par habitant en Somalie était inférieur à celui des États-Unis (1 275,1 de dollars), du Japon (811,1 de dollars), de l'Allemagne (775,5 de dollars), de la France (762,4 de dollars) et de l'URSS (247,1 de dollars). La croissance du commerce en Somalie était supérieure à celle de l'URSS (5,2%), de la France (3,9%), des États-Unis (3,9%) et de l'Allemagne (3,0%); mais inférieure à celle du Japon (8,2%).

Les années 1980

La valeur ajoutée du commerce en Somalie était de 74,4 millions de dollars par an dans les années 1980, au 151ème rang mondial. La part dans le monde était de 0,0035% et de 0,11% en Afrique.

La part du commerce dans l'économie de la Somalie était de 9,9% dans les années 1980, se situant au 157ème rang mondial.

Le commerce par habitant en Somalie était de 11.1 dollars dans les années 1980, se situant au 183ème rang mondial. Le commerce par habitant en Somalie était 39,4 fois inférieur le commerce par habitant au Monde (437,7 US$), et 11,0 fois inférieur le commerce par habitant en Afrique (121,8 US$).

La croissance du commerce en Somalie était de 1.8% dans les années 1980, au 131ème rang mondial. La croissance du commerce en Somalie (1,8%) a été inférieure à celle du monde (3,3%), et inférieure à celle de l'Afrique (2,7%).

Comparaison avec les voisins. Le secteur du commerce en Somalie était supérieur à celui de Djibouti (56,3 millions de dollars); mais inférieur à celui de l'Éthiopie (678,5 millions de dollars) et du Kenya (573,1 millions de dollars). Le commerce par habitant en Somalie était inférieur à celui de Djibouti (128,4 de dollars), du Kenya (29,3 de dollars) et de l'Éthiopie (16,1 de dollars). La croissance du commerce en Somalie était inférieure à celle du Kenya (4,1%), de l'Éthiopie (2,9%) et de Djibouti (1,8%).

Comparaison avec les leaders. Le commerce de la Somalie était inférieur à celui des États-Unis (653,3 milliards de dollars), du Japon (277,3 milliards de dollars), de l'Allemagne (116,7 milliards de dollars), de l'URSS (112,3 milliards de dollars) et de l'Italie (95,7 milliards de dollars). Le commerce par habitant en Somalie était inférieur à celui des États-Unis (2 728,2 de dollars), du Japon (2 286,5 de dollars), de l'Italie (1 684,2 de dollars), de l'Allemagne (1 496,0 de dollars) et de l'URSS (408,1 de dollars). La croissance du commerce en Somalie était supérieure à celle de l'URSS (-0,62%); mais inférieure à celle du Japon (4,9%), des États-Unis (4,4%), de l'Italie (2,3%) et de l'Allemagne (1,8%).

Les années 1990

La valeur du commerce en Somalie était de 129,4 millions de dollars par an dans les années 1990, au 170ème rang mondial. La part dans le monde était de 0,0031% et de 0,15% en Afrique.

La part du commerce dans l'économie de la Somalie était de 10,5% dans les années 1990, au 165ème rang mondial, à égalité avec la Bosnie-Herzégovine (10,5%).

Le commerce par habitant en Somalie était de 16.9 dollars dans les années 1990, au 206ème rang mondial. Le commerce par habitant en Somalie était 42,7 fois inférieur le commerce par habitant au Monde (721,8 US$), et 7,1 fois inférieur le commerce par habitant en Afrique (120,3 US$).

La croissance du commerce en Somalie était de -0.3% dans les années 1990, se situant au 172ème rang mondial. La croissance du commerce en Somalie (-0,29%) a été inférieure à celle du monde (3,5%), et inférieure à celle de l'Afrique (2,8%).

Comparaison avec les voisins. La valeur ajoutée du commerce en Somalie était supérieure à celle de Djibouti (69,8 millions de dollars); mais inférieure à celle de l'Éthiopie (1,1 milliards de dollars) et du Kenya (971,5 millions de dollars). Le commerce par habitant en Somalie était inférieur à celui de Djibouti (109,5 de dollars), du Kenya (35,5 de dollars) et de l'Éthiopie (19,5 de dollars). La croissance du commerce en Somalie était inférieure à celle de l'Éthiopie (4,4%), du Kenya (2,8%) et de Djibouti (0,73%).

Comparaison avec les leaders. La valeur du commerce en Somalie était inférieure à celle des États-Unis (1,2 billions de dollars), du Japon (713,2 milliards de dollars), de l'Allemagne (243,7 milliards de dollars), de l'Italie (185,6 milliards de dollars) et de la France (177,0 milliards de dollars). Le commerce par habitant en Somalie était inférieur à celui du Japon (5 656,5 de dollars), des États-Unis (4 395,6 de dollars), de l'Italie (3 255,0 de dollars), de l'Allemagne (3 021,8 de dollars) et de la France (2 980,3 de dollars). La croissance du commerce en Somalie était inférieure à celle des États-Unis (4,3%), du Japon (3,8%), de l'Allemagne (2,5%), de la France (2,4%) et de l'Italie (1,9%).

Les années 2000

Le commerce de la Somalie était de 179,6 millions de dollars par an dans les années 2000, se situant au 177ème rang mondial. La part dans le monde était de 0,0028% et de 0,12% en Afrique.

La part du commerce dans l'économie de la Somalie était de 10,6% dans les années 2000, se classant au 179ème rang mondial, à égalité avec le Groenland (10,6%), les Îles Caïmans (10,7%), Porto Rico (10,7%).

Le commerce par habitant en Somalie était de 17.4 dollars dans les années 2000, au 207ème rang mondial. Le commerce par habitant en Somalie était 56,8 fois inférieur le commerce par habitant au Monde (990,3 US$), et 9,4 fois inférieur le commerce par habitant en Afrique (164,0 US$).

La croissance du commerce en Somalie était de 3.5% dans les années 2000, se situant au 109ème rang mondial. La croissance du commerce en Somalie (3,5%) a été supérieure à celle du monde (2,7%), et inférieure à celle de l'Afrique (5,9%).

Comparaison avec les voisins. La valeur ajoutée du commerce en Somalie était supérieure à celle de Djibouti (126,2 millions de dollars); mais inférieure à celle de l'Éthiopie (2,2 milliards de dollars) et du Kenya (2,0 milliards de dollars). Le commerce par habitant en Somalie était inférieur à celui de Djibouti (162,7 de dollars), du Kenya (55,9 de dollars) et de l'Éthiopie (28,6 de dollars). La croissance du commerce en Somalie était inférieure à celle de l'Éthiopie (10,1%), de Djibouti (8,1%) et du Kenya (4,4%).

Comparaison avec les leaders. Le secteur du commerce en Somalie était inférieur à celui des États-Unis (1,9 billions de dollars), du Japon (771,8 milliards de dollars), de l'Allemagne (296,0 milliards de dollars), du Royaume-Uni (293,5 milliards de dollars) et de la Chine (262,0 milliards de dollars). Le commerce par habitant en Somalie était inférieur à celui des États-Unis (6 383,1 de dollars), du Japon (6 021,3 de dollars), du Royaume-Uni (4 856,7 de dollars), de l'Allemagne (3 637,0 de dollars) et de la Chine (197,5 de dollars). La croissance du commerce en Somalie était supérieure à celle de l'Allemagne (1,7%), du Royaume-Uni (1,3%), des États-Unis (1,1%)

Chapitre VIII. Commerce

et du Japon (-0,77%); mais inférieure à celle de la Chine (11,9%).

Les années 2010

Le secteur du commerce en Somalie était de 138,2 millions de dollars par an dans les années 2010, au 195ème rang mondial. La part dans le monde était de 0,0013% et de 0,041% en Afrique.

La part du commerce dans l'économie de la Somalie était de 10,6% dans les années 2010, au 182ème rang mondial, à égalité avec la Jordanie (10,7%), la Corée du Sud (10,7%).

Le commerce par habitant en Somalie était de 10.1 dollars dans les années 2010, au 210ème rang mondial. Le commerce par habitant en Somalie était 142,0 fois inférieur le commerce par habitant au Monde (1 436,8 US$), et 28,8 fois inférieur le commerce par habitant en Afrique (291,7 US$).

La croissance du commerce en Somalie était de 2.7% dans les années 2010, se classant au 130ème rang mondial, à égalité avec l'Uruguay (2,6%), les Îles Caïmans (2,7%), le Gabon (2,7%). La croissance du commerce en Somalie (2,7%) a été inférieure à celle du monde (3,3%), et inférieure à celle de l'Afrique (3,4%).

Comparaison avec les voisins. La valeur ajoutée du commerce en Somalie était 69,1 fois inférieure à celle de l'Éthiopie (9,6 milliards de dollars), 40,0 fois inférieure à celle du Kenya (5,5 milliards de dollars) et 4,7 fois inférieure à celle de Djibouti (643,3 millions de dollars). Le commerce par habitant en Somalie était 70,1 fois inférieur à celui de Djibouti (709,7 de dollars), 11,6 fois inférieur à celui du Kenya (116,9 de dollars) et 9,5 fois inférieur à celui de l'Éthiopie (95,9 de dollars). La croissance du commerce en Somalie était inférieure à celle de Djibouti (13,8%), de l'Éthiopie (11,7%) et du Kenya (6,3%).

Comparaison avec les leaders. La valeur du commerce en Somalie était 18 920,2 fois inférieure à celle des États-Unis (2,6 billions de dollars), 8 640,1 fois inférieure à celle de la Chine (1,2 billions de dollars), 6 290,1 fois inférieure à celle du Japon (869,5 milliards de dollars), 2 695,4 fois inférieure à celle de l'Allemagne (372,6 milliards de dollars) et 2 387,1 fois inférieure à celle du Royaume-Uni (330,0 milliards de dollars). Le commerce par habitant en Somalie était 809,2 fois inférieur à celui des États-Unis (8 186,4 de dollars), 671,8 fois inférieur à celui du Japon (6 797,1 de dollars), 497,2 fois inférieur à celui du Royaume-Uni (5 030,4 de dollars), 449,9 fois inférieur à celui de l'Allemagne (4 551,8 de dollars) et 84,2 fois inférieur à celui de la Chine (851,7 de dollars). La croissance du commerce en Somalie était supérieure à celle des États-Unis (2,3%), de l'Allemagne (2,0%) et du Japon (0,77%); mais inférieure à celle de la Chine (8,9%) et du Royaume-Uni (2,8%).

Chapitre IX. Services

(ISIC J-P)

Les services de la Somalie sont passés de 69,6 millions de dollars par an dans les années 1970 à 162,1 millions de dollars par an dans les années 2010, c'est-à-dire 92,5 millions de dollars ou de 2,3 fois. La variation a été de -73,3 millions de dollars en raison de la baisse de 1,5 fois du prix, et de 8,2 millions de dollars en raison de la croissance de productivité de 1,0 fois, et de 157,6 millions de dollars en raison de la croissance démographique. La croissance annuelle moyenne des services était de 4,2%. La valeur minimale était de 39,8 millions de dollars en 1970. La valeur maximale était de 283,8 millions de dollars en 2008.

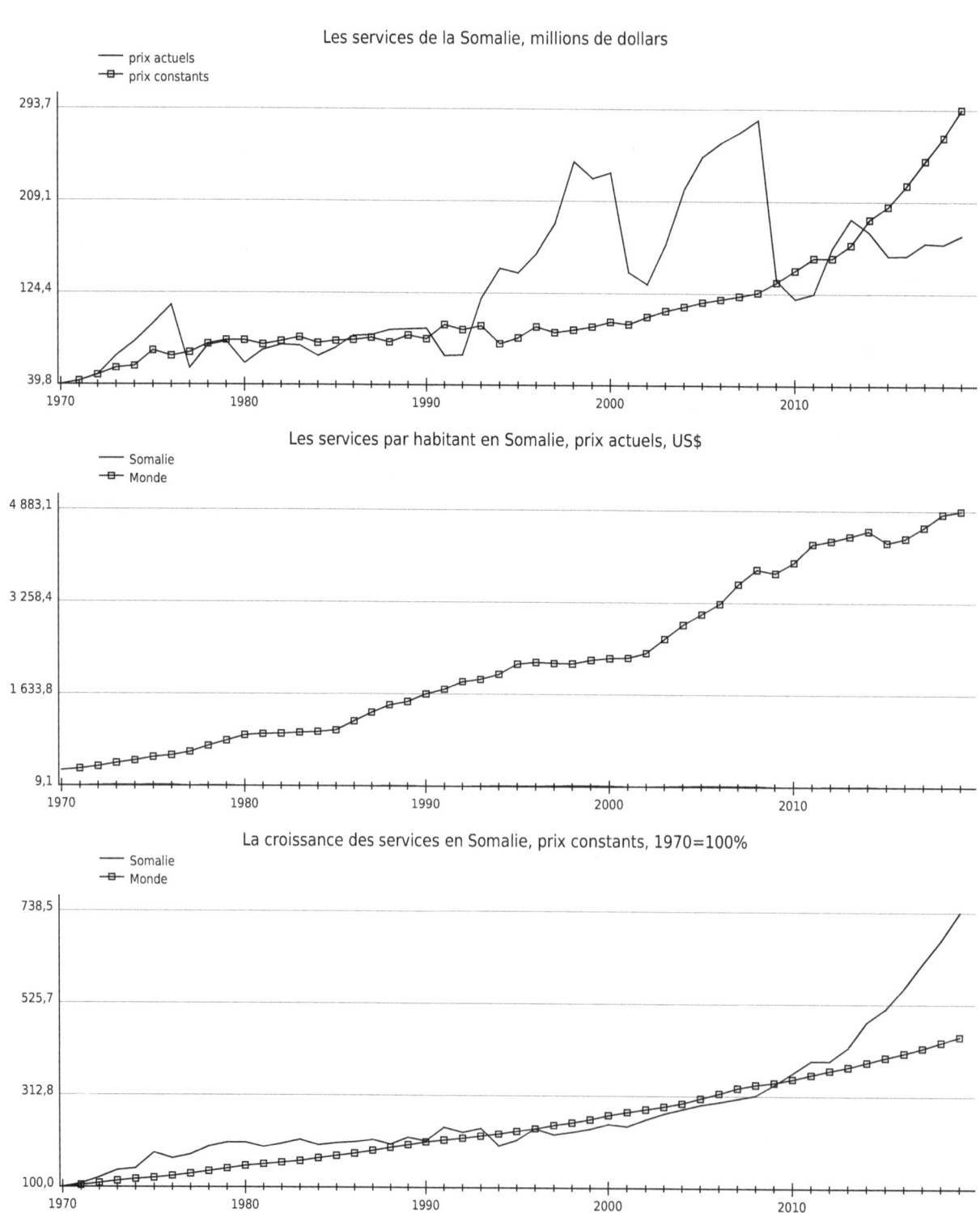

Chapitre IX. Services

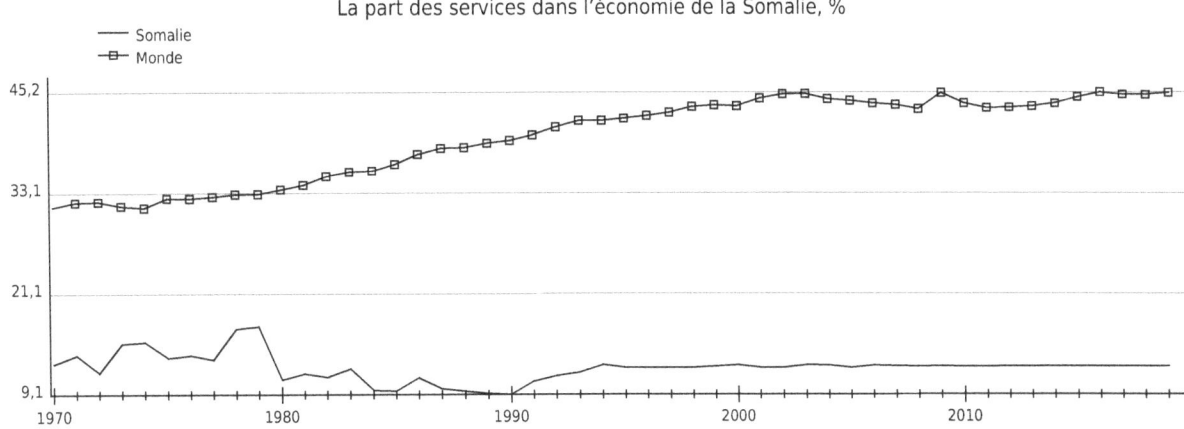

Les années 1970

Les services de la Somalie étaient de 69,6 millions de dollars par an dans les années 1970, se situant au 146ème rang mondial. La part dans le monde était de 0,0034% et de 0,11% en Afrique.

La part des services dans l'économie de la Somalie était de 14,3% dans les années 1970, se situant au 170ème rang mondial, à égalité avec le Népal (14,3%).

Les services par habitant en Somalie étaient de 16.6 dollars dans les années 1970, se classant au 178ème rang mondial. Les services par habitant en Somalie étaient 30,5 fois inférieures les services par habitant au Monde (506,9 US$), et 9,4 fois inférieures les services par habitant en Afrique (156,0 US$).

La croissance des services en Somalie était de 8.2% dans les années 1970, au 36ème rang mondial, à égalité avec l'Asie du Sud (8,3%), l'Indonésie (8,3%). La croissance des services en Somalie (8,2%) a été supérieure à celle du monde (4,1%), et supérieure à celle de l'Afrique (5,5%).

Comparaison avec les voisins. La valeur ajoutée des services en Somalie était supérieure à celle de Djibouti (41,9 millions de dollars); mais inférieure à celle du Kenya (1,5 milliards de dollars) et de l'Éthiopie (660,3 millions de dollars). Les services par habitant en Somalie étaient inférieures à celles de Djibouti (182,5 de dollars), du Kenya (112,5 de dollars) et de l'Éthiopie (19,8 de dollars). La croissance des services en Somalie était supérieure à celle du Kenya (7,2%), de l'Éthiopie (6,5%) et de Djibouti (1,7%).

Comparaison avec les leaders. La valeur des services en Somalie était inférieure à celle des États-Unis (674,4 milliards de dollars), de l'URSS (168,3 milliards de dollars), du Japon (153,8 milliards de dollars), de l'Allemagne (150,2 milliards de dollars) et de la France (121,8 milliards de dollars). Les services par habitant en Somalie étaient inférieures à celles des États-Unis (3 090,2 de dollars), de la France (2 271,8 de dollars), de l'Allemagne (1 907,6 de dollars), du Japon (1 381,3 de dollars) et de l'URSS (667,3 de dollars). La croissance des services en Somalie était supérieure à celle du Japon (5,9%), de l'Allemagne (4,8%), de la France (3,9%), des États-Unis (3,3%) et de l'URSS (0,90%).

Les années 1980

La valeur des services en Somalie était de 77,8 millions de dollars par an dans les années 1980, se classant au 159ème rang mondial à égalité avec d'Antigua-et-Barbuda (79,4 millions de dollars). La part dans le monde était de 0,0014% et de 0,061% en Afrique.

La part des services dans l'économie de la Somalie était de 10,3% dans les années 1980, se situant au 180ème rang mondial.

Les services par habitant en Somalie étaient de 11.6 dollars dans les années 1980, se classant au 185ème rang mondial. Les services par habitant en Somalie étaient 96,1 fois inférieures les services par habitant au Monde (1 115,5 US$), et 20,3 fois inférieures les services par habitant en Afrique (235,7 US$).

La croissance des services en Somalie était de 0.6% dans les années 1980, se classant au 168ème rang mondial. La croissance des services en Somalie (0,57%) a été inférieure à celle du monde (3,3%), et inférieure à celle de l'Afrique (3,9%).

Comparaison avec les voisins. Les services de la Somalie étaient inférieures à celles du Kenya (3,4 milliards de dollars), de l'Éthiopie (1,4 milliards de dollars) et de Djibouti (131,7 millions de dollars). Les services par habitant en Somalie étaient inférieures à celles de Djibouti (300,6 de dollars), du Kenya (176,1 de dollars) et de l'Éthiopie (32,7 de dollars). La croissance des services en Somalie était inférieure à celle du Kenya (5,5%), de l'Éthiopie (4,5%) et de Djibouti (3,1%).

Comparaison avec les leaders. La valeur ajoutée des services en Somalie était inférieure à celle des États-Unis (1,9 billions de dollars), du Japon (619,9 milliards de dollars), de l'Allemagne (362,2 milliards de dollars), de la France (294,5 milliards de dollars) et du Royaume-Uni (265,4 milliards de dollars). Les services par habitant en Somalie étaient inférieures à celles des États-Unis (7 844,6 de dollars), de la France (5 211,0 de dollars), du Japon (5 111,4 de dollars), du Royaume-Uni (4 700,6 de dollars) et de l'Allemagne (4 642,6 de dollars). La croissance des services en Somalie était inférieure à celle du Japon (4,8%), du Royaume-Uni (3,3%), de l'Allemagne (3,1%), des États-Unis (2,8%) et de la France (2,3%).

Les années 1990

Les services de la Somalie étaient de 145,9 millions de dollars par an dans les années 1990, se situant au 180ème rang mondial. La part dans le monde était de 0,0013% et de 0,095% en Afrique.

La part des services dans l'économie de la Somalie était de 11,9% dans les années 1990, se situant au 203ème rang mondial, à égalité avec la Guinée (11,9%).

Les services par habitant en Somalie étaient de 19.1 dollars dans les années 1990, se situant au 205ème rang mondial. Les services par habitant en Somalie étaient 105,5 fois inférieures les services par habitant au Monde (2 014,6 US$), et 11,4 fois inférieures les services par habitant en Afrique (217,8 US$).

La croissance des services en Somalie était de 0.9% dans les années 1990, se classant au 163ème rang mondial. La croissance des services en Somalie (0,91%) a été inférieure à celle du monde (2,7%), et inférieure à celle de l'Afrique (2,6%).

Comparaison avec les voisins. Le secteur des services en Somalie était inférieur à celui du Kenya (4,3 milliards de dollars), de l'Éthiopie (1,5 milliards de dollars) et de Djibouti (177,5 millions de dollars). Les services par habitant en Somalie étaient inférieures à celles de Djibouti (278,7 de dollars), du Kenya (155,4 de dollars) et de l'Éthiopie (26,5 de dollars). La croissance des services en Somalie était supérieure à celle du Kenya (0,57%); mais inférieure à celle de l'Éthiopie (5,3%) et de Djibouti (1,1%).

Comparaison avec les leaders. La valeur ajoutée des services en Somalie était inférieure à celle des États-Unis (3,8 billions de dollars), du Japon (1,6 billions de dollars), de l'Allemagne (908,0 milliards de dollars), de la France (628,2 milliards de dollars) et du Royaume-Uni (592,3 milliards de dollars). Les services par habitant en Somalie étaient inférieures à celles des États-Unis (14 354,4 de dollars), du Japon (12 820,4 de dollars), de l'Allemagne (11 259,5 de dollars), de la France (10 578,2 de dollars) et du Royaume-Uni (10 233,8 de dollars). La croissance des services en Somalie était inférieure à celle de l'Allemagne (3,2%), du Royaume-Uni (3,0%), des États-Unis (2,3%), du Japon (1,7%) et de la France (1,6%).

Les années 2000

Le secteur des services en Somalie était de 210,6 millions de dollars par an dans les années 2000, se classant au 187ème rang mondial à égalité avec les Comores (206,6 millions de dollars). La part dans le monde était de 0,0011% et de 0,074% en Afrique.

La part des services dans l'économie de la Somalie était de 12,5% dans les années 2000, au 206ème rang mondial.

Les services par habitant en Somalie étaient de 20.5 dollars dans les années 2000, se classant au 208ème rang mondial. Les services par habitant en Somalie étaient 147,2 fois inférieures les services par habitant au Monde (3 011,2 US$), et 15,4 fois inférieures les services par habitant en Afrique (314,3 US$).

La croissance des services en Somalie était de 3.7% dans les années 2000, se situant au 117ème rang mondial, à égalité avec le Brunei (3,7%), la Bosnie-Herzégovine (3,7%), l'Irlande (3,7%). La croissance des services en Somalie (3,7%) a été supérieure à celle du monde (2,9%), et inférieure à celle de l'Afrique (5,1%).

Comparaison avec les voisins. Les services de la Somalie étaient inférieures à celles du Kenya (7,4 milliards de dollars), de l'Éthiopie (2,8 milliards de dollars) et de Djibouti (220,7 millions de dollars). Les services par habitant en Somalie étaient inférieures à celles de Djibouti (284,5 de dollars), du Kenya (205,3 de dollars) et de l'Éthiopie (37,4 de dollars). La croissance des services en Somalie était supérieure à celle de Djibouti (2,9%) et du Kenya (2,5%); mais inférieure à celle de l'Éthiopie (8,5%).

Comparaison avec les leaders. La valeur ajoutée des services en Somalie était inférieure à celle des États-Unis (6,7 billions de dollars), du Japon (2,0 billions de dollars), de l'Allemagne (1,2 billions de dollars), du Royaume-Uni (1,1 billions de dollars) et de la France (997,0 milliards de dollars). Les services par habitant en Somalie étaient inférieures à celles des États-Unis (22 883,5 de dollars), du

Chapitre IX. Services

Royaume-Uni (18 012,4 de dollars), de la France (15 875,1 de dollars), du Japon (15 302,2 de dollars) et de l'Allemagne (14 979,9 de dollars). La croissance des services en Somalie était supérieure à celle du Royaume-Uni (2,7%), des États-Unis (2,0%), de la France (1,5%), du Japon (1,2%) et de l'Allemagne (0,57%).

Les années 2010

Les services de la Somalie étaient de 162,1 millions de dollars par an dans les années 2010, se classant au 198ème rang mondial à égalité avec la Guinée-Bissau (159,5 millions de dollars). La part dans le monde était de 0,0005% et de 0,026% en Afrique.

La part des services dans l'économie de la Somalie était de 12,5% dans les années 2010, se situant au 208ème rang mondial.

Les services par habitant en Somalie étaient de 11.9 dollars dans les années 2010, se classant au 211ème rang mondial. Les services par habitant en Somalie étaient 376,6 fois inférieures les services par habitant au Monde (4 467,8 US$), et 44,5 fois inférieures les services par habitant en Afrique (528,2 US$).

La croissance des services en Somalie était de 8.1% dans les années 2010, au 11ème rang mondial, à égalité avec l'Ouzbékistan (8,2%). La croissance des services en Somalie (8,1%) a été supérieure à celle du monde (2,7%), et supérieure à celle de l'Afrique (3,4%).

Comparaison avec les voisins. Le secteur des services en Somalie était 109,0 fois inférieur à celui du Kenya (17,7 milliards de dollars), 65,2 fois inférieur à celui de l'Éthiopie (10,6 milliards de dollars) et 3,9 fois inférieur à celui de Djibouti (631,4 millions de dollars). Les services par habitant en Somalie étaient 58,7 fois inférieures à celles de Djibouti (696,6 de dollars), 31,5 fois inférieures à celles du Kenya (373,6 de dollars) et 8,9 fois inférieures à celles de l'Éthiopie (106,1 de dollars). La croissance des services en Somalie était supérieure à celle du Kenya (5,8%); mais inférieure à celle de l'Éthiopie (9,0%) et de Djibouti (8,7%).

Comparaison avec les leaders. La valeur ajoutée des services en Somalie était 61 410,9 fois inférieure à celle des États-Unis (10,0 billions de dollars), 21 880,8 fois inférieure à celle de la Chine (3,5 billions de dollars), 14 024,6 fois inférieure à celle du Japon (2,3 billions de dollars), 9 916,2 fois inférieure à celle de l'Allemagne (1,6 billions de dollars) et 8 361,8 fois inférieure à celle du Royaume-Uni (1,4 billions de dollars). Les services par habitant en Somalie étaient 2 626,3 fois inférieures à celles des États-Unis (31 159,6 de dollars), 1 741,7 fois inférieures à celles du Royaume-Uni (20 663,8 de dollars), 1 655,2 fois inférieures à celles de l'Allemagne (19 637,7 de dollars), 1 497,9 fois inférieures à celles du Japon (17 771,8 de dollars) et 213,2 fois inférieures à celles de la Chine (2 529,2 de dollars). La croissance des services en Somalie était supérieure à celle des États-Unis (1,8%), du Royaume-Uni (1,7%), de l'Allemagne (1,2%) et du Japon (0,99%); mais inférieure à celle de la Chine (8,4%).

Partie III. Relations extérieures

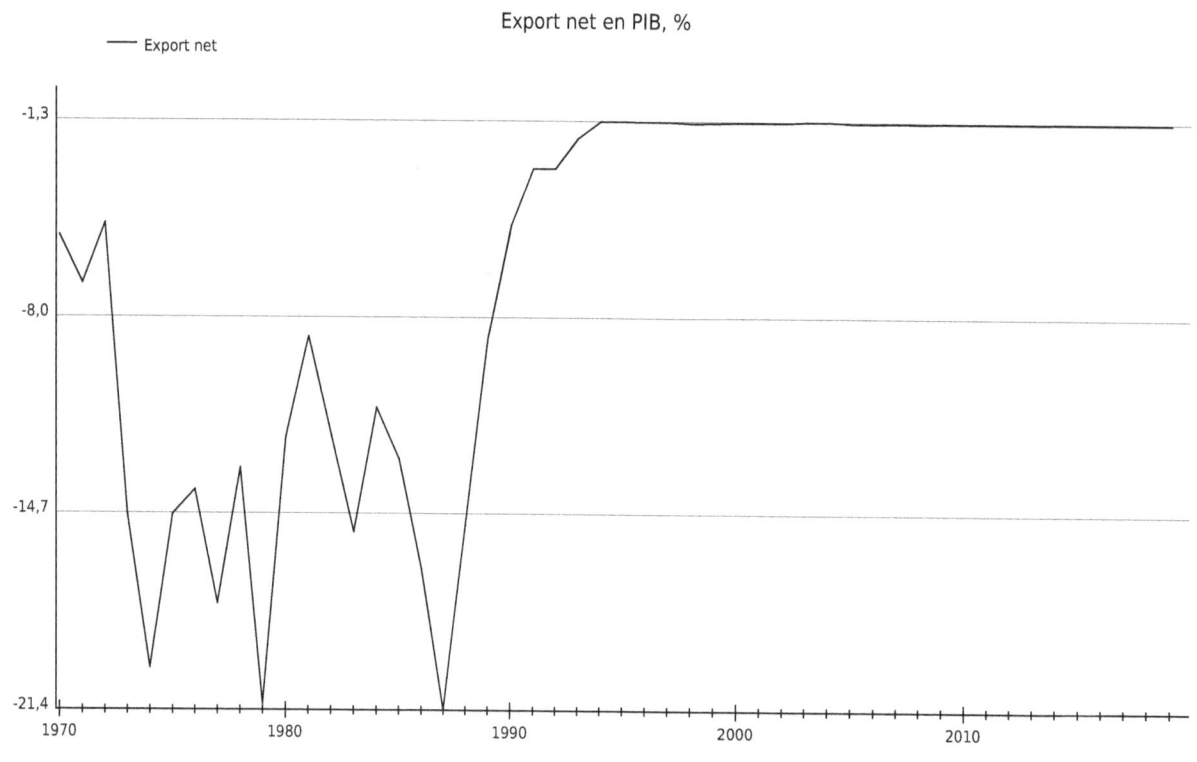

Chapitre X. Exportations

Les exportations de la Somalie sont tombés de 67,2 millions de dollars par an dans les années 1970 à 4,5 millions de dollars par an dans les années 2010, c'est-à-dire -62,7 millions de dollars ou de 14,8 fois. La variation a été de -45,9 millions de dollars en raison de la baisse de 11,1 fois du prix, et de -168,9 millions de dollars en raison de la baisse du taux par habitant de 4,3 fois, et de 152,1 millions de dollars en raison de la croissance démographique. La croissance annuelle moyenne des exportations était de -0,16%. La valeur maximale était de 121,1 millions de dollars en 1975. La valeur minimale était de 3,2 millions de dollars en 1992.

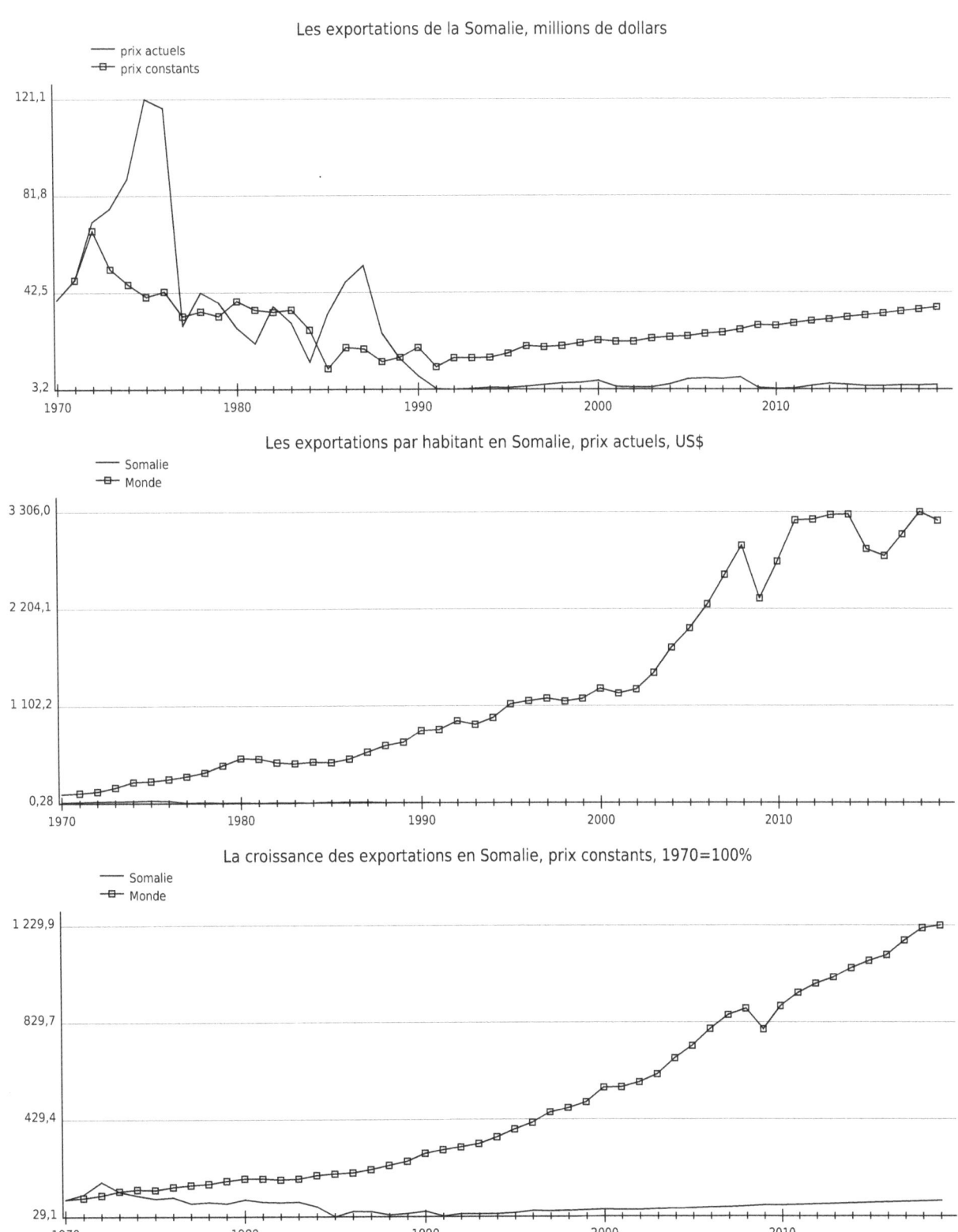

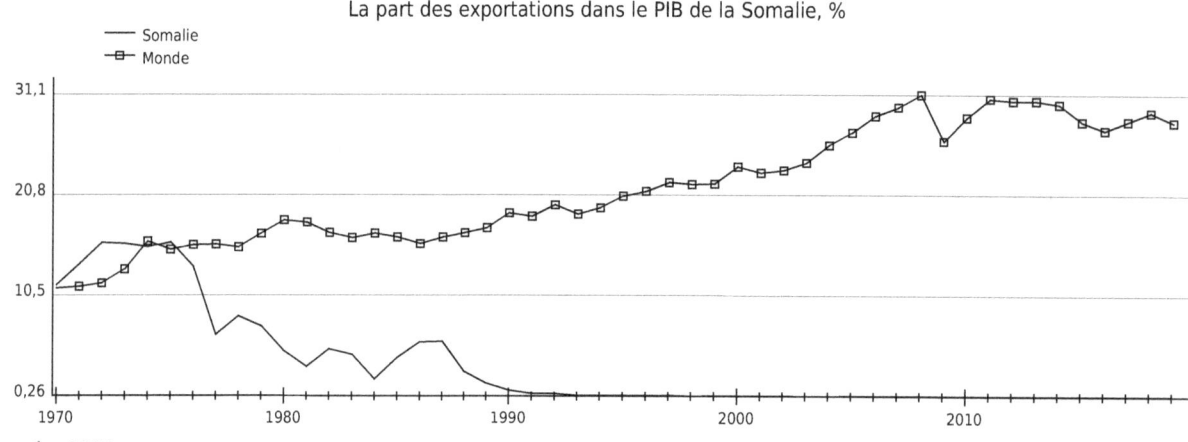

La part des exportations dans le PIB de la Somalie, %

Les années 1970

La valeur des exportations en Somalie était de 67,2 millions de dollars par an dans les années 1970, au 144ème rang mondial à égalité avec le Yémen (66,3 millions de dollars). La part dans le monde était de 0,0069% et de 0,12% en Afrique.

La part des exportations dans le PIB de la Somalie était de 12,7% dans les années 1970, se classant au 152ème rang mondial.

Les exportations par habitant en Somalie étaient de 16.1 dollars dans les années 1970, se classant au 171ème rang mondial. Les exportations par habitant en Somalie étaient 15,1 fois inférieures les exportations par habitant au Monde (242,1 US$), et 8,5 fois inférieures les exportations par habitant en Afrique (137,0 US$).

La croissance des exportations en Somalie était de -2% dans les années 1970, au 175ème rang mondial. La croissance des exportations en Somalie (-2,0%) a été inférieure à celle du monde (6,5%), et inférieure à celle de l'Afrique (5,7%).

Comparaison avec les voisins. La valeur des exportations en Somalie était supérieure à celle de Djibouti (61,1 millions de dollars); mais inférieure à celle du Kenya (977,4 millions de dollars) et de l'Éthiopie (471,2 millions de dollars). Les exportations par habitant en Somalie étaient supérieures à celles de l'Éthiopie (14,1 de dollars); mais inférieures à celles de Djibouti (265,9 de dollars) et du Kenya (72,9 de dollars). La croissance des exportations en Somalie était inférieure à celle de l'Éthiopie (3,1%), de Djibouti (2,3%) et du Kenya (1,9%).

Comparaison avec les leaders. La valeur des exportations en Somalie était inférieure à celle des États-Unis (128,0 milliards de dollars), de l'Allemagne (82,9 milliards de dollars), de la France (64,3 milliards de dollars), du Japon (64,1 milliards de dollars) et du Royaume-Uni (61,3 milliards de dollars). Les exportations par habitant en Somalie étaient inférieures à celles de la France (1 199,1 de dollars), du Royaume-Uni (1 094,1 de dollars), de l'Allemagne (1 052,2 de dollars), des États-Unis (586,5 de dollars) et du Japon (575,8 de dollars). La croissance des exportations en Somalie était inférieure à celle du Japon (8,6%), de la France (7,8%), des États-Unis (6,8%), de l'Allemagne (5,1%) et du Royaume-Uni (5,0%).

Les années 1980

Les exportations de la Somalie étaient de 30,6 millions de dollars par an dans les années 1980, au 172ème rang mondial. La part dans le monde était de 0,0012% et de 0,028% en Afrique.

La part des exportations dans le PIB de la Somalie était de 3,9% dans les années 1980, se classant au 181ème rang mondial, à égalité avec l'Est (3,9%).

Les exportations par habitant en Somalie étaient de 4.6 dollars dans les années 1980, au 183ème rang mondial. Les exportations par habitant en Somalie étaient 116,0 fois inférieures les exportations par habitant au Monde (529,9 US$), et 44,1 fois inférieures les exportations par habitant en Afrique (201,4 US$).

La croissance des exportations en Somalie était de -6.9% dans les années 1980, au 180ème rang mondial. La croissance des exportations en Somalie (-6,9%) a été inférieure à celle du monde (3,8%), et inférieure à celle de l'Afrique (-0,87%).

Comparaison avec les voisins. La valeur des exportations en Somalie était inférieure à celle du Kenya (1,7 milliards de dollars), de l'Éthiopie (840,1 millions de dollars) et de Djibouti (145,2 millions de dollars). Les exportations par habitant en Somalie étaient inférieures à celles de Djibouti (331,4 de dollars), du Kenya (86,7 de dollars) et de l'Éthiopie (19,9 de dollars). La croissance des

Chapitre X. Exportations

exportations en Somalie était inférieure à celle du Kenya (3,3%), de Djibouti (0,84%) et de l'Éthiopie (-0,57%).

Comparaison avec les leaders. La valeur des exportations en Somalie était inférieure à celle des États-Unis (338,6 milliards de dollars), du Japon (210,6 milliards de dollars), de l'Allemagne (208,1 milliards de dollars), de la France (155,9 milliards de dollars) et du Royaume-Uni (155,0 milliards de dollars). Les exportations par habitant en Somalie étaient inférieures à celles de la France (2 757,6 de dollars), du Royaume-Uni (2 744,8 de dollars), de l'Allemagne (2 667,0 de dollars), du Japon (1 736,5 de dollars) et des États-Unis (1 413,8 de dollars). La croissance des exportations en Somalie était inférieure à celle du Japon (6,7%), des États-Unis (5,7%), de l'Allemagne (4,7%), de la France (4,0%) et du Royaume-Uni (3,0%).

Les années 1990

Les exportations de la Somalie étaient de 4,7 millions de dollars par an dans les années 1990, se situant au 207ème rang mondial. La part dans le monde était de 0,0001% et de 0,0033% en Afrique.

La part des exportations dans le PIB de la Somalie était de 0,39% dans les années 1990, se classant au 208ème rang mondial.

Les exportations par habitant en Somalie étaient de 0.6 dollars dans les années 1990, se classant au 208ème rang mondial. Les exportations par habitant en Somalie étaient 1 682,2 fois inférieures les exportations par habitant au Monde (1 029,5 US$), et 330,3 fois inférieures les exportations par habitant en Afrique (202,1 US$).

La croissance des exportations en Somalie était de 3.1% dans les années 1990, au 135ème rang mondial, à égalité avec le Pakistan (3,1%). La croissance des exportations en Somalie (3,1%) a été inférieure à celle du monde (6,9%), et supérieure à celle de l'Afrique (2,5%).

Comparaison avec les voisins. La valeur des exportations en Somalie était inférieure à celle du Kenya (2,5 milliards de dollars), de l'Éthiopie (695,5 millions de dollars) et de Djibouti (244,5 millions de dollars). Les exportations par habitant en Somalie étaient inférieures à celles de Djibouti (383,9 de dollars), du Kenya (92,8 de dollars) et de l'Éthiopie (12,4 de dollars). La croissance des exportations en Somalie était supérieure à celle de l'Éthiopie (2,2%); mais inférieure à celle de Djibouti (3,8%) et du Kenya (3,2%).

Comparaison avec les leaders. La valeur des exportations en Somalie était inférieure à celle des États-Unis (773,6 milliards de dollars), de l'Allemagne (509,0 milliards de dollars), du Japon (418,7 milliards de dollars), de la France (329,8 milliards de dollars) et du Royaume-Uni (324,3 milliards de dollars). Les exportations par habitant en Somalie étaient inférieures à celles de l'Allemagne (6 311,2 de dollars), du Royaume-Uni (5 602,2 de dollars), de la France (5 553,9 de dollars), du Japon (3 320,8 de dollars) et des États-Unis (2 925,3 de dollars). La croissance des exportations en Somalie était inférieure à celle des États-Unis (7,2%), de la France (6,5%), de l'Allemagne (6,0%), du Royaume-Uni (5,7%) et du Japon (4,2%).

Les années 2000

La valeur des exportations en Somalie était de 5,8 millions de dollars par an dans les années 2000, au 208ème rang mondial. La part dans le monde était de 0,0000% et de 0,0016% en Afrique.

La structure des exportations: produits primaires (74,9%), articles manufacturés provenant de ressources naturelles (6,8%), articles manufacturés à faible technologie (1,5%), articles manufacturés de technologie moyenne (3,4%), articles manufacturés à haute technologie (1,8%).

La Somalie a exporté des marchandises vers les Émirats arabes unis (35,9%), le Yémen (18,1%), l'Arabie saoudite (9,2%), d'Oman (7,7%), le Nigeria (6,6%) et d'autres pays (22,5%).

La part des exportations dans le PIB de la Somalie était de 0,30% dans les années 2000, au 210ème rang mondial.

Les exportations par habitant en Somalie étaient de 0.6 dollars dans les années 2000, se classant au 210ème rang mondial. Les exportations par habitant en Somalie étaient 3 437,5 fois inférieures les exportations par habitant au Monde (1 933,7 US$), et 708,2 fois inférieures les exportations par habitant en Afrique (398,4 US$).

La croissance des exportations en Somalie était de 2.9% dans les années 2000, se classant au 142ème rang mondial, à égalité avec les Amériques (2,9%). La croissance des exportations en Somalie (2,9%) a été inférieure à celle du monde (4,8%), et inférieure à celle de l'Afrique (5,3%).

Comparaison avec les voisins. Les exportations de la Somalie étaient inférieures à celles du Kenya (5,0 milliards de dollars), de l'Éthiopie (1,8 milliards de dollars) et de Djibouti (297,3 millions de dollars). Les exportations par habitant en Somalie étaient inférieures à celles de Djibouti (383,2 de dollars), du Kenya (137,1 de dollars) et de l'Éthiopie (23,7 de dollars). La croissance des exportations en Somalie était inférieure à celle de l'Éthiopie (13,0%), de Djibouti (12,7%) et du Kenya (4,6%).

Comparaison avec les leaders. La valeur des exportations en Somalie était inférieure à celle des États-Unis (1,3 billions de dollars), de l'Allemagne (1,0 billions de dollars), de la Chine (780,2 milliards de dollars), du Japon (626,3 milliards de dollars) et du Royaume-Uni (591,1 milliards de dollars). Les exportations par habitant en Somalie étaient inférieures à celles de l'Allemagne (12 836,9 de dollars), du Royaume-Uni (9 780,7 de dollars), du Japon (4 886,4 de dollars), des États-Unis (4 488,4 de dollars) et de la Chine (588,1 de dollars). La croissance des exportations en Somalie était supérieure à celle du Royaume-Uni (2,8%); mais inférieure à celle de la Chine (12,7%), de l'Allemagne (5,0%), du Japon (3,5%) et des États-Unis (3,3%).

Les années 2010

La valeur des exportations en Somalie était de 4,5 millions de dollars par an dans les années 2010, se situant au 210ème rang mondial. La part dans le monde était de 0,0000% et de 0,0007% en Afrique.

La structure des exportations: produits primaires (83,6%), articles manufacturés à faible technologie (1,1%), articles manufacturés de technologie moyenne (2,6%), articles manufacturés à haute technologie (1,2%).

La Somalie a exporté des marchandises vers l'Arabie saoudite (37,6%), d'Oman (21,2%), les Émirats arabes unis (16,9%), le Yémen (4,9%), l'Inde (3,3%) et d'autres pays (16,2%).

La part des exportations dans le PIB de la Somalie était de 0,31% dans les années 2010, au 211ème rang mondial.

Les exportations par habitant en Somalie étaient de 0.3 dollars dans les années 2010, se situant au 211ème rang mondial. Les exportations par habitant en Somalie étaient 9 359,2 fois inférieures les exportations par habitant au Monde (3 098,9 US$), et 1 613,7 fois inférieures les exportations par habitant en Afrique (534,3 US$).

La croissance des exportations en Somalie était de 2.3% dans les années 2010, se classant au 152ème rang mondial, à égalité avec l'Afrique australe (2,3%). La croissance des exportations en Somalie (2,3%) a été inférieure à celle du monde (4,4%), et supérieure à celle de l'Afrique (-1,2%).

Comparaison avec les voisins. Les exportations de la Somalie étaient 2 267,8 fois inférieures à celles du Kenya (10,3 milliards de dollars), 1 284,1 fois inférieures à celles de l'Éthiopie (5,8 milliards de dollars) et 667,2 fois inférieures à celles de Djibouti (3,0 milliards de dollars). Les exportations par habitant en Somalie étaient 10 057,8 fois inférieures à celles de Djibouti (3 330,2 de dollars), 655,2 fois inférieures à celles du Kenya (217,0 de dollars) et 176,2 fois inférieures à celles de l'Éthiopie (58,3 de dollars). La croissance des exportations en Somalie était supérieure à celle de l'Éthiopie (2,2%); mais inférieure à celle de Djibouti (21,3%) et du Kenya (2,9%).

Comparaison avec les leaders. Les exportations de la Somalie étaient 506 930,3 fois inférieures à celles de la Chine (2,3 billions de dollars), 501 701,5 fois inférieures à celles des États-Unis (2,3 billions de dollars), 372 073,3 fois inférieures à celles de l'Allemagne (1,7 billions de dollars), 189 973,5 fois inférieures à celles du Japon (859,4 milliards de dollars) et 180 168,6 fois inférieures à celles du Royaume-Uni (815,1 milliards de dollars). Les exportations par habitant en Somalie étaient 62 105,9 fois inférieures à celles de l'Allemagne (20 563,4 de dollars), 37 527,4 fois inférieures à celles du Royaume-Uni (12 425,4 de dollars), 21 456,1 fois inférieures à celles des États-Unis (7 104,2 de dollars), 20 290,4 fois inférieures à celles du Japon (6 718,2 de dollars) et 4 938,8 fois inférieures à celles de la Chine (1 635,3 de dollars). La croissance des exportations en Somalie était inférieure à celle de la Chine (6,8%), de l'Allemagne (4,7%), du Japon (4,6%), des États-Unis (3,7%) et du Royaume-Uni (3,1%).

Chapitre XI. Importations

Les importations de la Somalie sont tombés de 140,9 millions de dollars par an dans les années 1970 à 24,9 millions de dollars par an dans les années 2010, c'est-à-dire -116,0 millions de dollars ou de 5,7 fois. La variation a été de -25,7 millions de dollars en raison de la baisse de 2,0 fois du prix, et de -409,2 millions de dollars en raison de la baisse du taux par habitant de 9,1 fois, et de 319,0 millions de dollars en raison de la croissance démographique. La croissance annuelle moyenne des importations était de -0,88%. La valeur maximale était de 248,4 millions de dollars en 1987. La valeur minimale était de 18,3 millions de dollars en 2010.

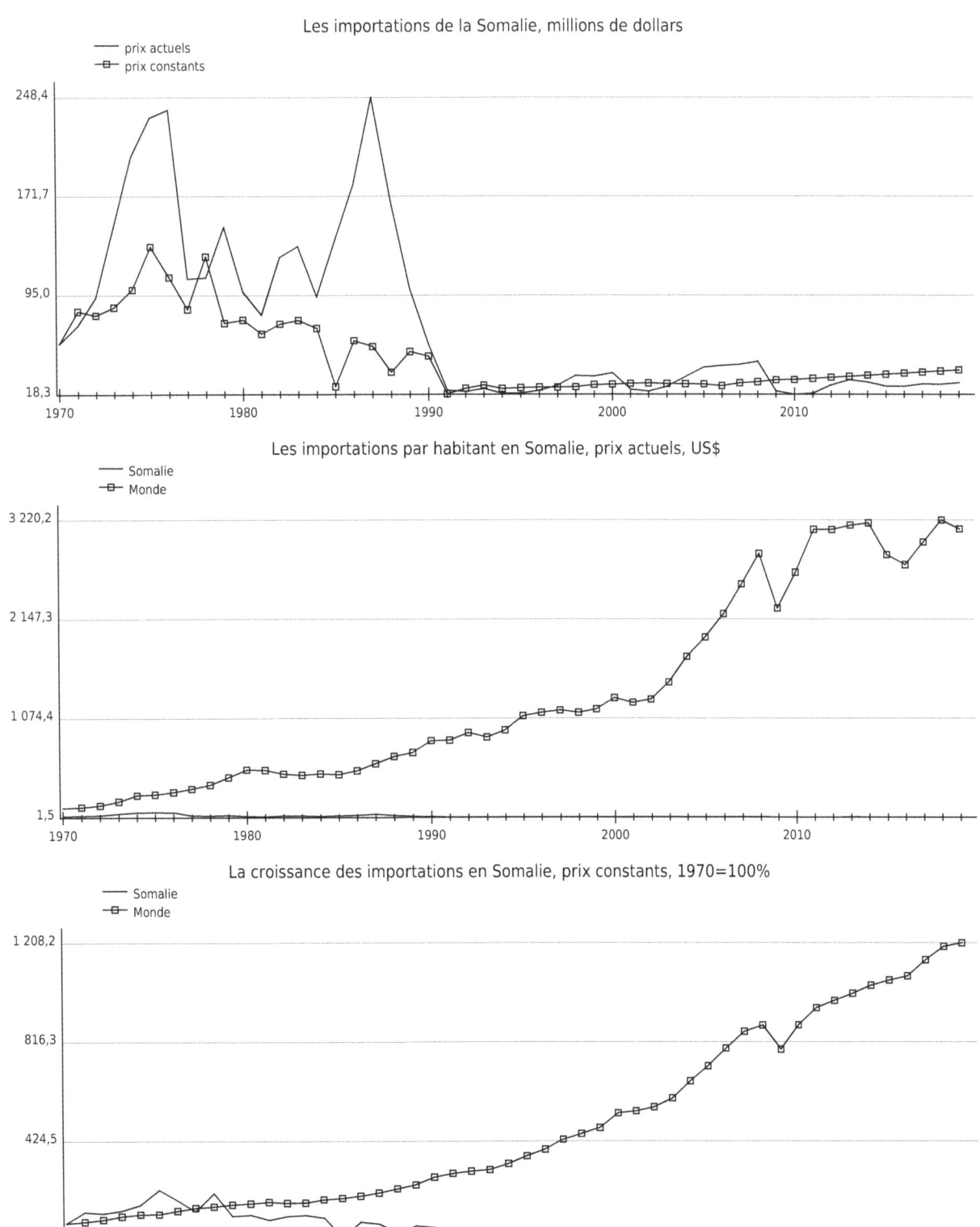

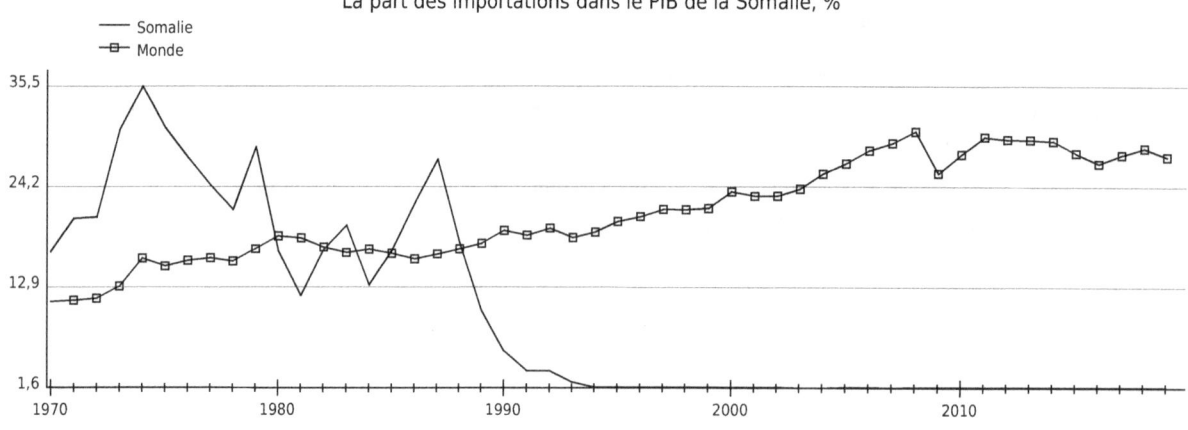

La part des importations dans le PIB de la Somalie, %

Les années 1970

La valeur des importations en Somalie était de 140,9 millions de dollars par an dans les années 1970, au 143ème rang mondial. La part dans le monde était de 0,014% et de 0,24% en Afrique.

La part des importations dans le PIB de la Somalie était de 26,7% dans les années 1970, se classant au 118ème rang mondial, à égalité avec le Portugal (26,7%), la Finlande (26,6%), le Sri Lanka (26,8%).

Les importations par habitant en Somalie étaient de 33.7 dollars dans les années 1970, se classant au 170ème rang mondial, à égalité avec le Viêt Nam (33,0 de dollars). Les importations par habitant en Somalie étaient 7,3 fois inférieures les importations par habitant au Monde (244,3 US$), et 4,2 fois inférieures les importations par habitant en Afrique (142,6 US$).

La croissance des importations en Somalie était de 2.8% dans les années 1970, au 153ème rang mondial, à égalité avec le Laos (2,8%). La croissance des importations en Somalie (2,8%) a été inférieure à celle du monde (6,3%), et inférieure à celle de l'Afrique (6,7%).

Comparaison avec les voisins. La valeur des importations en Somalie était supérieure à celle de Djibouti (79,5 millions de dollars); mais inférieure à celle du Kenya (1,1 milliards de dollars) et de l'Éthiopie (553,3 millions de dollars). Les importations par habitant en Somalie étaient supérieures à celles de l'Éthiopie (16,6 de dollars); mais inférieures à celles de Djibouti (345,9 de dollars) et du Kenya (84,1 de dollars). La croissance des importations en Somalie était supérieure à celle du Kenya (0,71%); mais inférieure à celle de l'Éthiopie (7,1%) et de Djibouti (3,2%).

Comparaison avec les leaders. Les importations de la Somalie étaient inférieures à celles des États-Unis (133,2 milliards de dollars), de l'Allemagne (92,5 milliards de dollars), de la France (63,3 milliards de dollars), du Royaume-Uni (62,4 milliards de dollars) et du Japon (61,0 milliards de dollars). Les importations par habitant en Somalie étaient inférieures à celles de la France (1 181,1 de dollars), de l'Allemagne (1 175,1 de dollars), du Royaume-Uni (1 113,2 de dollars), des États-Unis (610,4 de dollars) et du Japon (547,6 de dollars). La croissance des importations en Somalie était inférieure à celle de la France (7,2%), du Japon (7,0%), de l'Allemagne (5,6%), des États-Unis (5,1%) et du Royaume-Uni (4,5%).

Les années 1980

La valeur des importations en Somalie était de 136,4 millions de dollars par an dans les années 1980, au 158ème rang mondial à égalité avec le Belize (137,2 millions de dollars). La part dans le monde était de 0,0052% et de 0,12% en Afrique.

La part des importations dans le PIB de la Somalie était de 17,5% dans les années 1980, se classant au 158ème rang mondial, à égalité avec la Roumanie (17,5%), l'Asie (17,3%).

Les importations par habitant en Somalie étaient de 20.4 dollars dans les années 1980, au 181ème rang mondial. Les importations par habitant en Somalie étaient 26,5 fois inférieures les importations par habitant au Monde (539,1 US$), et 10,2 fois inférieures les importations par habitant en Afrique (208,0 US$).

La croissance des importations en Somalie était de -3.5% dans les années 1980, se classant au 171ème rang mondial. La croissance des importations en Somalie (-3,5%) a été inférieure à celle du monde (3,8%), et inférieure à celle de l'Afrique (-3,1%).

Comparaison avec les voisins. La valeur des importations en Somalie était inférieure à celle du Kenya (2,1 milliards de dollars), de l'Éthiopie (1,5 milliards de dollars) et de Djibouti (296,8 millions de dollars). Les importations par habitant en Somalie étaient

Chapitre XI. Importations

inférieures à celles de Djibouti (677,2 de dollars), du Kenya (105,0 de dollars) et de l'Éthiopie (34,8 de dollars). La croissance des importations en Somalie était inférieure à celle de Djibouti (4,3%), de l'Éthiopie (1,8%) et du Kenya (0,30%).

Comparaison avec les leaders. La valeur des importations en Somalie était inférieure à celle des États-Unis (417,2 milliards de dollars), de l'Allemagne (225,6 milliards de dollars), du Japon (175,9 milliards de dollars), de la France (162,0 milliards de dollars) et du Royaume-Uni (157,7 milliards de dollars). Les importations par habitant en Somalie étaient inférieures à celles de l'Allemagne (2 891,9 de dollars), de la France (2 867,2 de dollars), du Royaume-Uni (2 793,0 de dollars), des États-Unis (1 742,4 de dollars) et du Japon (1 450,4 de dollars). La croissance des importations en Somalie était inférieure à celle des États-Unis (5,8%), du Royaume-Uni (5,1%), du Japon (4,6%), de la France (4,3%) et de l'Allemagne (3,3%).

Les années 1990

La valeur des importations en Somalie était de 27,1 millions de dollars par an dans les années 1990, se situant au 207ème rang mondial. La part dans le monde était de 0,0005% et de 0,018% en Afrique.

La part des importations dans le PIB de la Somalie était de 2,3% dans les années 1990, se situant au 208ème rang mondial.

Les importations par habitant en Somalie étaient de 3.5 dollars dans les années 1990, se situant au 208ème rang mondial. Les importations par habitant en Somalie étaient 286,2 fois inférieures les importations par habitant au Monde (1 015,5 US$), et 59,6 fois inférieures les importations par habitant en Afrique (211,4 US$).

La croissance des importations en Somalie était de -6.7% dans les années 1990, au 195ème rang mondial, à égalité avec la Lettonie (-6,6%). La croissance des importations en Somalie (-6,7%) a été inférieure à celle du monde (6,6%), et inférieure à celle de l'Afrique (3,8%).

Comparaison avec les voisins. La valeur des importations en Somalie était inférieure à celle du Kenya (2,9 milliards de dollars), de l'Éthiopie (1,4 milliards de dollars) et de Djibouti (355,0 millions de dollars). Les importations par habitant en Somalie étaient inférieures à celles de Djibouti (557,4 de dollars), du Kenya (106,6 de dollars) et de l'Éthiopie (24,1 de dollars). La croissance des importations en Somalie était inférieure à celle du Kenya (7,5%), de l'Éthiopie (0,84%) et de Djibouti (-0,50%).

Comparaison avec les leaders. La valeur des importations en Somalie était inférieure à celle des États-Unis (874,1 milliards de dollars), de l'Allemagne (501,6 milliards de dollars), du Japon (355,9 milliards de dollars), du Royaume-Uni (330,2 milliards de dollars) et de la France (308,5 milliards de dollars). Les importations par habitant en Somalie étaient inférieures à celles de l'Allemagne (6 220,3 de dollars), du Royaume-Uni (5 705,3 de dollars), de la France (5 194,4 de dollars), des États-Unis (3 305,6 de dollars) et du Japon (2 822,9 de dollars). La croissance des importations en Somalie était inférieure à celle des États-Unis (8,3%), de l'Allemagne (6,4%), de la France (5,1%), du Royaume-Uni (5,1%) et du Japon (3,3%).

Les années 2000

Les importations de la Somalie étaient de 31,9 millions de dollars par an dans les années 2000, se situant au 208ème rang mondial. La part dans le monde était de 0,0003% et de 0,0095% en Afrique.

La structure des importations: produits primaires (25,5%), articles manufacturés provenant de ressources naturelles (38,6%), articles manufacturés à faible technologie (14,6%), articles manufacturés de technologie moyenne (13,2%), articles manufacturés à haute technologie (6,3%).

La Somalie a importé des marchandises en provenance les Émirats arabes unis (39,1%), l'Éthiopie (10,7%), le Kenya (10,6%), l'Arabie saoudite (7,4%), l'Inde (5,5%) et d'autres pays (26,6%).

La part des importations dans le PIB de la Somalie était de 1,7% dans les années 2000, se classant au 210ème rang mondial.

Les importations par habitant en Somalie étaient de 3.1 dollars dans les années 2000, au 210ème rang mondial. Les importations par habitant en Somalie étaient 612,6 fois inférieures les importations par habitant au Monde (1 899,9 US$), et 119,1 fois inférieures les importations par habitant en Afrique (369,3 US$).

La croissance des importations en Somalie était de 1.3% dans les années 2000, se situant au 185ème rang mondial, à égalité avec la Palestine (1,3%), l'Andorre (1,3%). La croissance des importations en Somalie (1,3%) a été inférieure à celle du monde (5,1%), et inférieure à celle de l'Afrique (7,6%).

Comparaison avec les voisins. Les importations de la Somalie étaient inférieures à celles du Kenya (7,1 milliards de dollars), de l'Éthiopie (4,4 milliards de dollars) et de Djibouti (472,4 millions de dollars). Les importations par habitant en Somalie étaient inférieures à celles de Djibouti (609,0 de dollars), du Kenya (195,8 de dollars) et de l'Éthiopie (57,7 de dollars). La croissance des importations en Somalie était inférieure à celle de l'Éthiopie (16,9%), de Djibouti (15,6%) et du Kenya (7,7%).

Comparaison avec les leaders. Les importations de la Somalie étaient inférieures à celles des États-Unis (1,9 billions de dollars), de l'Allemagne (914,7 milliards de dollars), du Royaume-Uni (641,8 milliards de dollars), de la Chine (641,1 milliards de dollars) et du Japon (566,4 milliards de dollars). Les importations par habitant en Somalie étaient inférieures à celles de l'Allemagne (11 237,8 de dollars), du Royaume-Uni (10 620,4 de dollars), des États-Unis (6 400,9 de dollars), du Japon (4 418,9 de dollars) et de la Chine (483,3 de dollars). La croissance des importations en Somalie était inférieure à celle de la Chine (15,1%), de l'Allemagne (3,7%), du Royaume-Uni (3,1%), des États-Unis (2,8%) et du Japon (1,8%).

Les années 2010

Les importations de la Somalie étaient de 24,9 millions de dollars par an dans les années 2010, se classant au 211ème rang mondial. La part dans le monde était de 0,0001% et de 0,0036% en Afrique.

La structure des importations: produits primaires (22,0%), articles manufacturés provenant de ressources naturelles (41,1%), articles manufacturés à faible technologie (12,9%), articles manufacturés de technologie moyenne (16,0%), articles manufacturés à haute technologie (7,1%).

La Somalie a importé des marchandises en provenance les Émirats arabes unis (31,9%), l'Inde (10,9%), l'Éthiopie (9,9%), la Chine (9,6%), d'Oman (8,1%) et d'autres pays (29,6%).

La part des importations dans le PIB de la Somalie était de 1,7% dans les années 2010, se classant au 211ème rang mondial.

Les importations par habitant en Somalie étaient de 1.8 dollars dans les années 2010, se classant au 211ème rang mondial. Les importations par habitant en Somalie étaient 1 656,2 fois inférieures les importations par habitant au Monde (3 015,6 US$), et 325,2 fois inférieures les importations par habitant en Afrique (592,1 US$).

La croissance des importations en Somalie était de 2.4% dans les années 2010, au 160ème rang mondial, à égalité avec l'Australie (2,4%), d'Anguilla (2,4%). La croissance des importations en Somalie (2,4%) a été inférieure à celle du monde (4,4%), et supérieure à celle de l'Afrique (2,0%).

Comparaison avec les voisins. Les importations de la Somalie étaient 721,9 fois inférieures à celles du Kenya (18,0 milliards de dollars), 624,2 fois inférieures à celles de l'Éthiopie (15,5 milliards de dollars) et 146,9 fois inférieures à celles de Djibouti (3,7 milliards de dollars). Les importations par habitant en Somalie étaient 2 214,8 fois inférieures à celles de Djibouti (4 032,7 de dollars), 208,6 fois inférieures à celles du Kenya (379,8 de dollars) et 85,6 fois inférieures à celles de l'Éthiopie (155,9 de dollars). La croissance des importations en Somalie était inférieure à celle de Djibouti (21,2%), de l'Éthiopie (12,0%) et du Kenya (4,2%).

Comparaison avec les leaders. Les importations de la Somalie étaient 113 237,2 fois inférieures à celles des États-Unis (2,8 billions de dollars), 83 167,4 fois inférieures à celles de la Chine (2,1 billions de dollars), 58 471,6 fois inférieures à celles de l'Allemagne (1,5 billions de dollars), 35 288,3 fois inférieures à celles du Japon (877,9 milliards de dollars) et 34 358,0 fois inférieures à celles du Royaume-Uni (854,8 milliards de dollars). Les importations par habitant en Somalie étaient 9 760,0 fois inférieures à celles de l'Allemagne (17 771,2 de dollars), 7 156,4 fois inférieures à celles du Royaume-Uni (13 030,6 de dollars), 4 842,8 fois inférieures à celles des États-Unis (8 817,8 de dollars), 3 769,0 fois inférieures à celles du Japon (6 862,7 de dollars) et 810,3 fois inférieures à celles de la Chine (1 475,4 de dollars). La croissance des importations en Somalie était inférieure à celle de la Chine (8,2%), de l'Allemagne (4,8%), des États-Unis (4,4%), du Japon (3,8%) et du Royaume-Uni (3,6%).

Partie IV. Consommation

Chapitre XII. Dépenses publiques

Dépenses de consommation des administrations publiques

Les dépense de consommation publique de la Somalie sont passés de 97,3 millions de dollars par an dans les années 1970 à 129,3 millions de dollars par an dans les années 2010, c'est-à-dire 32,0 millions de dollars ou de 32,9%. La variation a été de 9,0 millions de dollars en raison de l'augmentation de 1,1 fois des prix, et de -197,4 millions de dollars en raison de la baisse du taux par habitant de 2,6 fois, et de 220,3 millions de dollars en raison de la croissance démographique. La croissance annuelle moyenne des dépenses publiques était de 2,5%. La valeur minimale était de 34,9 millions de dollars en 1971. La valeur maximale était de 226,3 millions de dollars en 2008.

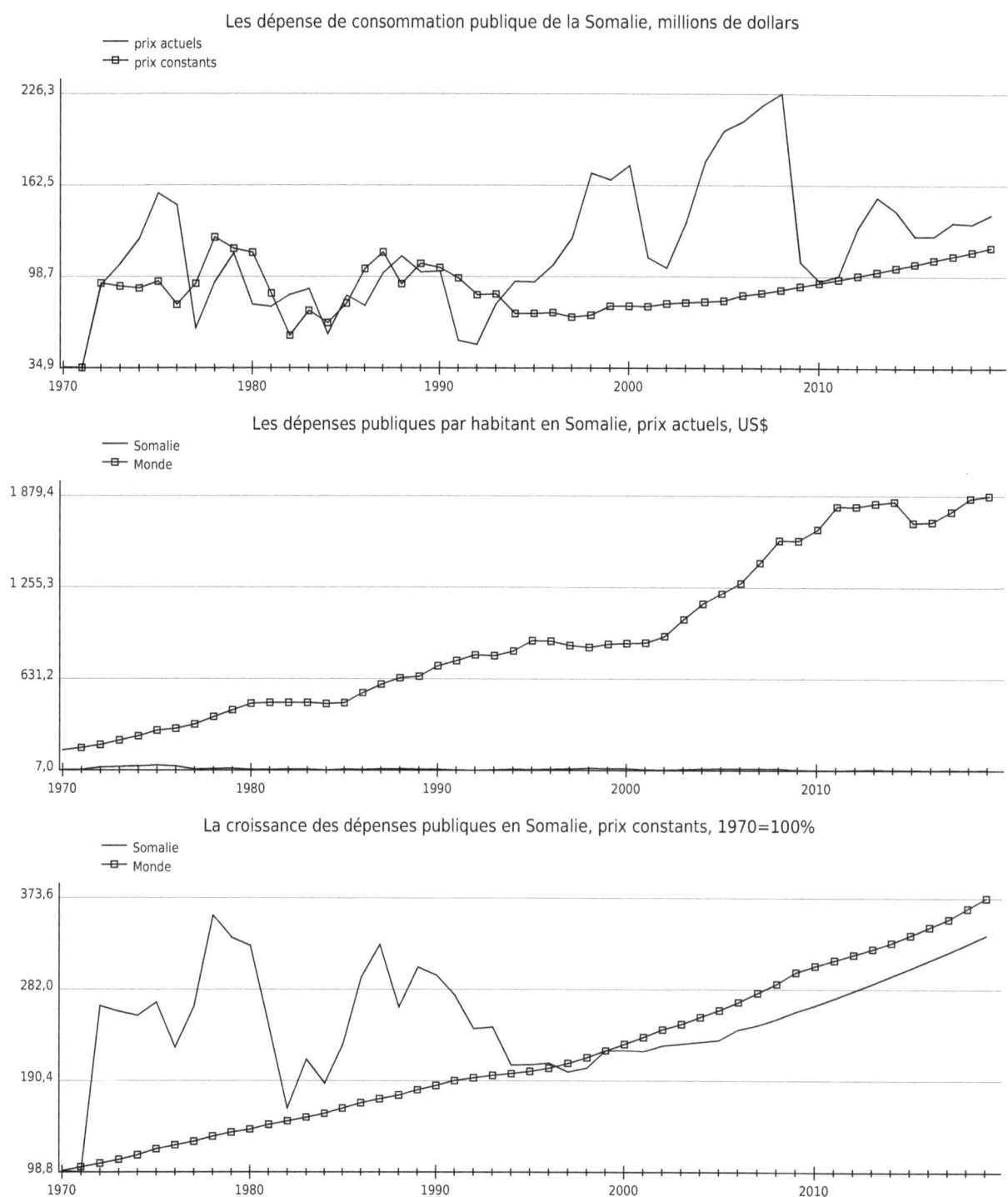

Chapitre XII. Dépenses publiques

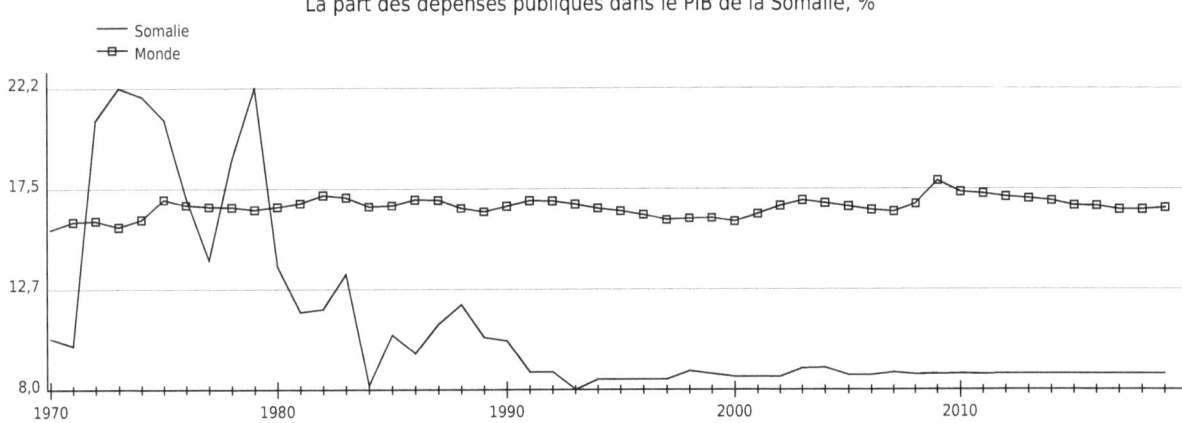

Les années 1970

Les dépense publique de la Somalie étaient de 97,3 millions de dollars par an dans les années 1970, au 125ème rang mondial à égalité avec le Tchad (99,1 millions de dollars). La part dans le monde était de 0,0091% et de 0,31% en Afrique.

La part des dépenses publiques dans le PIB de la Somalie était de 18,4% dans les années 1970, au 63ème rang mondial, à égalité avec l'Europe (18,4%), la Norvège (18,4%), l'Eswatini (18,4%).

Les dépense de consommation publique par habitant en Somalie étaient de 23.2 dollars dans les années 1970, se classant au 165ème rang mondial, à égalité avec Sierra Leone (23,0 de dollars), le Rwanda (23,7 de dollars). Les dépense de consommation publique par habitant en Somalie étaient 11,4 fois inférieures les dépense de consommation publique par habitant au Monde (265,2 US$), et 3,3 fois inférieures les dépense de consommation publique par habitant en Afrique (77,1 US$).

La croissance des dépenses publiques en Somalie était de 14.3% dans les années 1970, se classant au 7ème rang mondial. La croissance des dépenses publiques en Somalie (14,3%) a été supérieure à celle du monde (3,7%), et supérieure à celle de l'Afrique (4,9%).

Comparaison avec les voisins. Les dépense publique de la Somalie étaient supérieures à celles de Djibouti (45,1 millions de dollars); mais inférieures à celles du Kenya (724,2 millions de dollars) et de l'Éthiopie (507,3 millions de dollars). Les dépense de consommation publique par habitant en Somalie étaient supérieures à celles de l'Éthiopie (15,2 de dollars); mais inférieures à celles de Djibouti (196,2 de dollars) et du Kenya (54,0 de dollars). La croissance des dépenses publiques en Somalie était supérieure à celle du Kenya (9,1%), de l'Éthiopie (6,7%) et de Djibouti (5,1%).

Comparaison avec les leaders. Les dépense de consommation publique de la Somalie étaient inférieures à celles des États-Unis (285,9 milliards de dollars), de l'URSS (117,3 milliards de dollars), de l'Allemagne (95,6 milliards de dollars), du Japon (78,0 milliards de dollars) et de la France (64,5 milliards de dollars). Les dépense publique par habitant en Somalie étaient inférieures à celles des États-Unis (1 310,2 de dollars), de l'Allemagne (1 213,7 de dollars), de la France (1 202,3 de dollars), du Japon (700,2 de dollars) et de l'URSS (465,0 de dollars). La croissance des dépenses publiques en Somalie était supérieure à celle de l'URSS (7,2%), du Japon (5,3%), de la France (5,0%), de l'Allemagne (4,4%) et des États-Unis (0,94%).

Les années 1980

Les dépense de consommation publique de la Somalie étaient de 87,1 millions de dollars par an dans les années 1980, se classant au 150ème rang mondial à égalité avec le Tchad (86,1 millions de dollars), les Comores (85,2 millions de dollars). La part dans le monde était de 0,0034% et de 0,13% en Afrique.

La part des dépenses publiques dans le PIB de la Somalie était de 11,2% dans les années 1980, au 143ème rang mondial, à égalité avec le Brésil (11,2%), les Bermudes (11,1%).

Les dépense de consommation publique par habitant en Somalie étaient de 13 dollars dans les années 1980, au 180ème rang mondial. Les dépense de consommation publique par habitant en Somalie étaient 40,3 fois inférieures les dépense de consommation publique par habitant au Monde (523,5 US$), et 9,9 fois inférieures les dépense de consommation publique par habitant en Afrique (128,3 US$).

La croissance des dépenses publiques en Somalie était de -0.9% dans les années 1980, se situant au 170ème rang mondial. La croissance des dépenses publiques en Somalie (-0,92%) a été inférieure à celle du monde (2,7%), et inférieure à celle de l'Afrique

(1,8%).

Comparaison avec les voisins. Les dépense de consommation publique de la Somalie étaient inférieures à celles du Kenya (1,5 milliards de dollars), de l'Éthiopie (1,3 milliards de dollars) et de Djibouti (140,8 millions de dollars). Les dépense de consommation publique par habitant en Somalie étaient inférieures à celles de Djibouti (321,3 de dollars), du Kenya (78,7 de dollars) et de l'Éthiopie (30,3 de dollars). La croissance des dépenses publiques en Somalie était inférieure à celle de Djibouti (2,4%), de l'Éthiopie (1,8%) et du Kenya (1,8%).

Comparaison avec les leaders. Les dépenses publiques de la Somalie étaient inférieures à celles des États-Unis (665,3 milliards de dollars), du Japon (257,4 milliards de dollars), de l'Allemagne (203,7 milliards de dollars), de l'URSS (181,1 milliards de dollars) et de la France (159,8 milliards de dollars). Les dépenses publiques par habitant en Somalie étaient inférieures à celles de la France (2 826,9 de dollars), des États-Unis (2 778,2 de dollars), de l'Allemagne (2 611,1 de dollars), du Japon (2 122,5 de dollars) et de l'URSS (658,0 de dollars). La croissance des dépenses publiques en Somalie était inférieure à celle de l'URSS (5,4%), du Japon (3,5%), de la France (2,8%), des États-Unis (2,6%) et de l'Allemagne (0,98%).

Les années 1990

Les dépense de consommation publique de la Somalie étaient de 104,7 millions de dollars par an dans les années 1990, se classant au 177ème rang mondial à égalité avec les Salomon (103,3 millions de dollars), Micronésie (106,5 millions de dollars), le Laos (107,1 millions de dollars). La part dans le monde était de 0,0022% et de 0,12% en Afrique.

La part des dépenses publiques dans le PIB de la Somalie était de 8,7% dans les années 1990, se situant au 191ème rang mondial, à égalité avec le Tchad (8,8%), le Mexique (8,6%).

Les dépense publique par habitant en Somalie étaient de 13.7 dollars dans les années 1990, se situant au 205ème rang mondial. Les dépenses publiques par habitant en Somalie étaient 60,2 fois inférieures les dépense de consommation publique par habitant au Monde (824,8 US$), et 9,2 fois inférieures les dépenses publiques par habitant en Afrique (126,1 US$).

La croissance des dépenses publiques en Somalie était de -3.2% dans les années 1990, se classant au 188ème rang mondial. La croissance des dépenses publiques en Somalie (-3,2%) a été inférieure à celle du monde (2,0%), et inférieure à celle de l'Afrique (1,6%).

Comparaison avec les voisins. Les dépense de consommation publique de la Somalie étaient inférieures à celles du Kenya (1,7 milliards de dollars), de l'Éthiopie (945,7 millions de dollars) et de Djibouti (169,2 millions de dollars). Les dépense publique par habitant en Somalie étaient inférieures à celles de Djibouti (265,6 de dollars), du Kenya (61,0 de dollars) et de l'Éthiopie (16,8 de dollars). La croissance des dépenses publiques en Somalie était inférieure à celle du Kenya (6,5%), de l'Éthiopie (2,6%) et de Djibouti (-0,36%).

Comparaison avec les leaders. Les dépenses publiques de la Somalie étaient inférieures à celles des États-Unis (1,1 billions de dollars), du Japon (651,8 milliards de dollars), de l'Allemagne (419,6 milliards de dollars), de la France (325,4 milliards de dollars) et du Royaume-Uni (234,6 milliards de dollars). Les dépenses publiques par habitant en Somalie étaient inférieures à celles de la France (5 479,6 de dollars), de l'Allemagne (5 203,8 de dollars), du Japon (5 169,1 de dollars), des États-Unis (4 287,3 de dollars) et du Royaume-Uni (4 053,6 de dollars). La croissance des dépenses publiques en Somalie était inférieure à celle du Japon (3,0%), de l'Allemagne (2,4%), du Royaume-Uni (2,1%), de la France (1,8%) et des États-Unis (1,3%).

Les années 2000

Les dépense publique de la Somalie étaient de 166,9 millions de dollars par an dans les années 2000, au 182ème rang mondial à égalité avec le Bhoutan (169,1 millions de dollars), le Burundi (170,0 millions de dollars). La part dans le monde était de 0,0021% et de 0,11% en Afrique.

La part des dépenses publiques dans le PIB de la Somalie était de 8,7% dans les années 2000, au 193ème rang mondial, à égalité avec le Ghana (8,7%), la Gambie (8,8%).

Les dépense de consommation publique par habitant en Somalie étaient de 16.2 dollars dans les années 2000, se situant au 209ème rang mondial. Les dépense de consommation publique par habitant en Somalie étaient 74,1 fois inférieures les dépense de consommation publique par habitant au Monde (1 200,9 US$), et 10,2 fois inférieures les dépense publique par habitant en Afrique (164,8 US$).

Chapitre XII. Dépenses publiques

La croissance des dépenses publiques en Somalie était de 1.6% dans les années 2000, au 170ème rang mondial, à égalité avec le Salvador (1,6%), la Finlande (1,6%). La croissance des dépenses publiques en Somalie (1,6%) a été inférieure à celle du monde (3,1%), et inférieure à celle de l'Afrique (5,0%).

Comparaison avec les voisins. Les dépense publique de la Somalie étaient inférieures à celles du Kenya (3,4 milliards de dollars), de l'Éthiopie (1,8 milliards de dollars) et de Djibouti (180,6 millions de dollars). Les dépense publique par habitant en Somalie étaient inférieures à celles de Djibouti (232,8 de dollars), du Kenya (93,1 de dollars) et de l'Éthiopie (23,4 de dollars). La croissance des dépenses publiques en Somalie était supérieure à celle de Djibouti (0,56%); mais inférieure à celle de l'Éthiopie (3,5%) et du Kenya (3,4%).

Comparaison avec les leaders. Les dépense de consommation publique de la Somalie étaient inférieures à celles des États-Unis (1,9 billions de dollars), du Japon (844,2 milliards de dollars), de l'Allemagne (520,1 milliards de dollars), de la France (479,9 milliards de dollars) et du Royaume-Uni (453,4 milliards de dollars). Les dépense de consommation publique par habitant en Somalie étaient inférieures à celles de la France (7 640,9 de dollars), du Royaume-Uni (7 501,5 de dollars), du Japon (6 586,4 de dollars), des États-Unis (6 545,9 de dollars) et de l'Allemagne (6 389,7 de dollars). La croissance des dépenses publiques en Somalie était supérieure à celle de l'Allemagne (1,4%); mais inférieure à celle du Royaume-Uni (2,9%), des États-Unis (2,2%), du Japon (1,7%) et de la France (1,7%).

Les années 2010

Les dépense publique de la Somalie étaient de 129,3 millions de dollars par an dans les années 2010, au 196ème rang mondial à égalité avec le Vanuatu (129,3 millions de dollars), la Gambie (126,9 millions de dollars). La part dans le monde était de 0,0010% et de 0,039% en Afrique.

La part des dépenses publiques dans le PIB de la Somalie était de 8,7% dans les années 2010, se classant au 200ème rang mondial.

Les dépense de consommation publique par habitant en Somalie étaient de 9.5 dollars dans les années 2010, se situant au 210ème rang mondial. Les dépense publique par habitant en Somalie étaient 188,7 fois inférieures les dépenses publiques par habitant au Monde (1 785,1 US$), et 29,7 fois inférieures les dépense publique par habitant en Afrique (281,0 US$).

La croissance des dépenses publiques en Somalie était de 2.6% dans les années 2010, se classant au 102ème rang mondial. La croissance des dépenses publiques en Somalie (2,6%) a été supérieure à celle du monde (2,3%), et inférieure à celle de l'Afrique (3,0%).

Comparaison avec les voisins. Les dépense de consommation publique de la Somalie étaient 67,5 fois inférieures à celles du Kenya (8,7 milliards de dollars), 44,3 fois inférieures à celles de l'Éthiopie (5,7 milliards de dollars) et 3,6 fois inférieures à celles de Djibouti (470,4 millions de dollars). Les dépense publique par habitant en Somalie étaient 54,9 fois inférieures à celles de Djibouti (519,0 de dollars), 19,5 fois inférieures à celles du Kenya (184,5 de dollars) et 6,1 fois inférieures à celles de l'Éthiopie (57,5 de dollars). La croissance des dépenses publiques en Somalie était inférieure à celle de l'Éthiopie (11,8%), de Djibouti (9,7%) et du Kenya (5,4%).

Comparaison avec les leaders. Les dépense de consommation publique de la Somalie étaient 20 527,8 fois inférieures à celles des États-Unis (2,7 billions de dollars), 12 990,5 fois inférieures à celles de la Chine (1,7 billions de dollars), 8 069,1 fois inférieures à celles du Japon (1,0 billions de dollars), 5 582,5 fois inférieures à celles de l'Allemagne (721,6 milliards de dollars) et 4 935,2 fois inférieures à celles de la France (637,9 milliards de dollars). Les dépense publique par habitant en Somalie étaient 1 016,7 fois inférieures à celles de la France (9 617,6 de dollars), 931,8 fois inférieures à celles de l'Allemagne (8 815,0 de dollars), 877,9 fois inférieures à celles des États-Unis (8 304,9 de dollars), 861,8 fois inférieures à celles du Japon (8 152,8 de dollars) et 126,6 fois inférieures à celles de la Chine (1 197,3 de dollars). La croissance des dépenses publiques en Somalie était supérieure à celle de l'Allemagne (1,9%), du Japon (1,3%), de la France (1,3%) et des États-Unis (0,0052%); mais inférieure à celle de la Chine (8,3%).

Chapitre XIII. Dépenses ménagères

Dépenses de consommation des ménages

Les dépenses ménagères de la Somalie sont passés de 415,9 millions de dollars par an dans les années 1970 à 1,1 milliards de dollars par an dans les années 2010, c'est-à-dire 660,2 millions de dollars ou de 2,6 fois. La variation a été de 432,9 millions de dollars en raison de l'augmentation de 1,7 fois des prix, et de -714,7 millions de dollars en raison de la baisse du taux par habitant de 2,1 fois, et de 941,9 millions de dollars en raison de la croissance démographique. La croissance annuelle moyenne des dépenses ménagères était de 1,4%. La valeur minimale était de 275,2 millions de dollars en 1970. La valeur maximale était de 1,9 milliards de dollars en 2008.

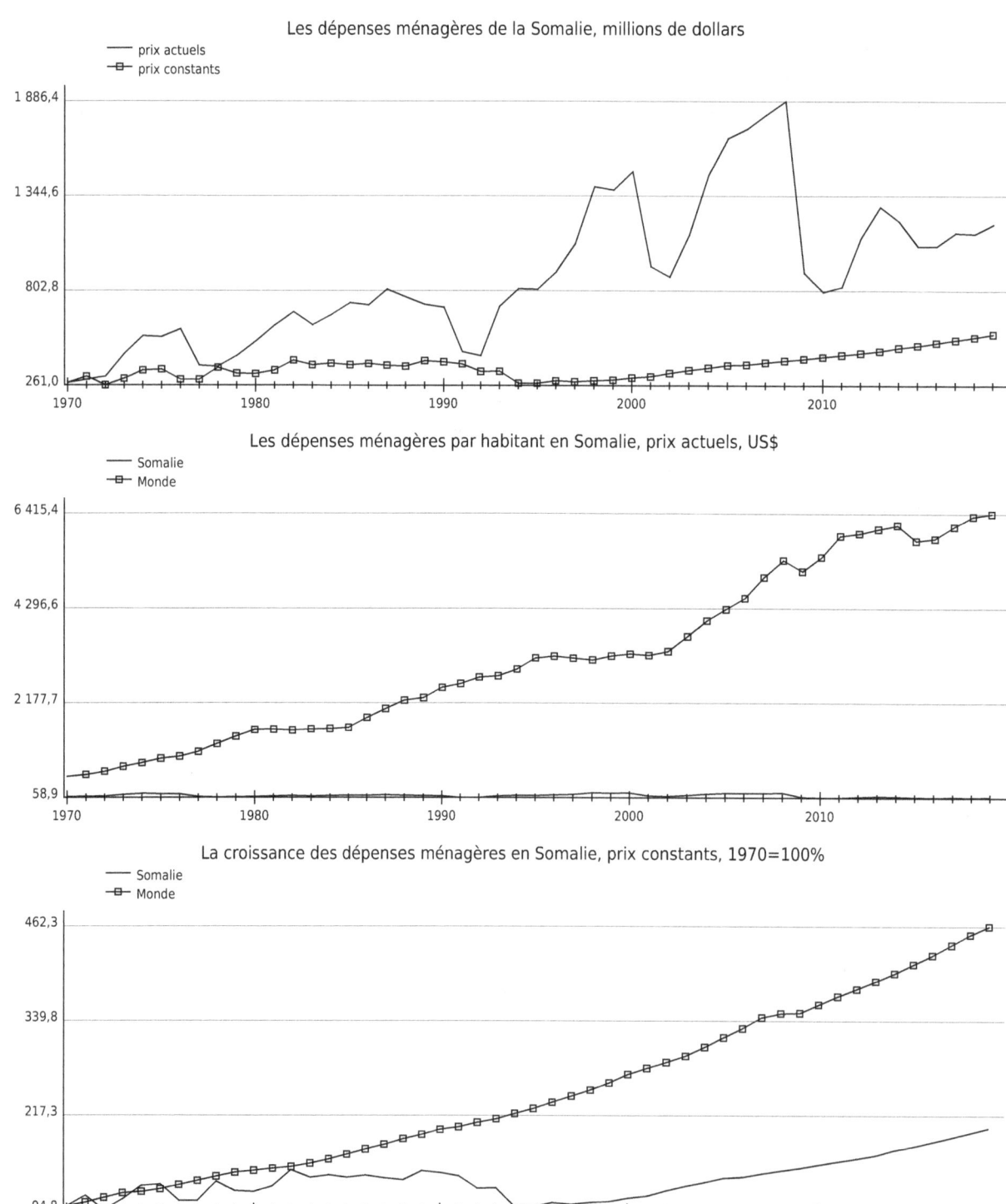

Chapitre XIII. Dépenses ménagères

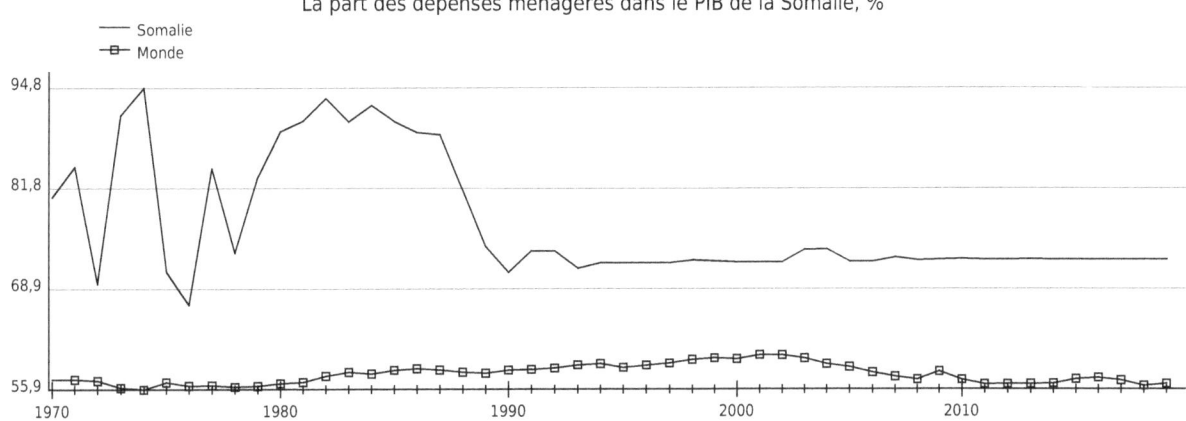

Les années 1970

Les dépenses ménagères de la Somalie étaient de 415,9 millions de dollars par an dans les années 1970, se classant au 128ème rang mondial. La part dans le monde était de 0,011% et de 0,37% en Afrique.

La part des dépenses ménagères dans le PIB de la Somalie était de 78,7% dans les années 1970, se situant au 37ème rang mondial, à égalité avec Porto Rico (78,4%), le Groenland (78,3%), la Colombie (78,1%).

Les dépenses ménagères par habitant en Somalie étaient de 99.4 dollars dans les années 1970, au 173ème rang mondial, à égalité avec le Mali (99,3 de dollars), la Birmanie (99,2 de dollars). Les dépenses ménagères par habitant en Somalie étaient 9,2 fois inférieures les dépenses ménagères par habitant au Monde (914,8 US$), et 2,7 fois inférieures les dépenses ménagères par habitant en Afrique (271,0 US$).

La croissance des dépenses ménagères en Somalie était de 2% dans les années 1970, se classant au 150ème rang mondial. La croissance des dépenses ménagères en Somalie (2,0%) a été inférieure à celle du monde (4,1%), et inférieure à celle de l'Afrique (4,1%).

Comparaison avec les voisins. Les dépenses ménagères de la Somalie étaient supérieures à celles de Djibouti (118,5 millions de dollars); mais inférieures à celles du Kenya (3,5 milliards de dollars) et de l'Éthiopie (3,1 milliards de dollars). Les dépenses ménagères par habitant en Somalie étaient supérieures à celles de l'Éthiopie (92,3 de dollars); mais inférieures à celles de Djibouti (515,9 de dollars) et du Kenya (258,1 de dollars). La croissance des dépenses ménagères en Somalie était supérieure à celle de Djibouti (0,46%); mais inférieure à celle du Kenya (4,6%) et de l'Éthiopie (2,7%).

Comparaison avec les leaders. Les dépenses ménagères de la Somalie étaient inférieures à celles des États-Unis (1,0 billions de dollars), de l'URSS (310,6 milliards de dollars), du Japon (280,9 milliards de dollars), de l'Allemagne (277,8 milliards de dollars) et de la France (180,7 milliards de dollars). Les dépenses ménagères par habitant en Somalie étaient inférieures à celles des États-Unis (4 744,5 de dollars), de l'Allemagne (3 527,2 de dollars), de la France (3 371,0 de dollars), du Japon (2 523,0 de dollars) et de l'URSS (1 231,6 de dollars). La croissance des dépenses ménagères en Somalie était inférieure à celle du Japon (5,1%), de l'URSS (4,7%), de la France (4,0%), des États-Unis (3,6%) et de l'Allemagne (3,6%).

Les années 1980

Les dépenses ménagères de la Somalie étaient de 681,8 millions de dollars par an dans les années 1980, se situant au 138ème rang mondial à égalité avec la Nouvelle-Calédonie (681,8 millions de dollars), le Liberia (676,7 millions de dollars), la Mongolie (688,4 millions de dollars). La part dans le monde était de 0,0078% et de 0,25% en Afrique.

La part des dépenses ménagères dans le PIB de la Somalie était de 87,4% dans les années 1980, au 16ème rang mondial, à égalité avec le Mozambique (87,4%), la Micronésie (87,7%), Montserrat (87,8%).

Les dépenses ménagères par habitant en Somalie étaient de 101.8 dollars dans les années 1980, se situant au 183ème rang mondial. Les dépenses ménagères par habitant en Somalie étaient 17,8 fois inférieures les dépenses ménagères par habitant au Monde (1 808,0 US$), et 4,9 fois inférieures les dépenses ménagères par habitant en Afrique (497,8 US$).

La croissance des dépenses ménagères en Somalie était de 2% dans les années 1980, au 125ème rang mondial, à égalité avec les Fidji (2,0%), le Sénégal (2,0%). La croissance des dépenses ménagères en Somalie (2,0%) a été inférieure à celle du monde (3,0%), et inférieure à celle de l'Afrique (2,3%).

Comparaison avec les voisins. Les dépenses ménagères de la Somalie étaient supérieures à celles de Djibouti (275,7 millions de dollars); mais inférieures à celles du Kenya (7,2 milliards de dollars) et de l'Éthiopie (6,6 milliards de dollars). Les dépenses ménagères par habitant en Somalie étaient inférieures à celles de Djibouti (629,0 de dollars), du Kenya (369,7 de dollars) et de l'Éthiopie (157,3 de dollars). La croissance des dépenses ménagères en Somalie était supérieure à celle de l'Éthiopie (1,0%); mais inférieure à celle du Kenya (3,9%) et de Djibouti (2,4%).

Comparaison avec les leaders. Les dépenses ménagères de la Somalie étaient inférieures à celles des États-Unis (2,6 billions de dollars), du Japon (945,6 milliards de dollars), de l'Allemagne (575,7 milliards de dollars), de l'URSS (424,6 milliards de dollars) et du Royaume-Uni (416,5 milliards de dollars). Les dépenses ménagères par habitant en Somalie étaient inférieures à celles des États-Unis (10 904,4 de dollars), du Japon (7 796,6 de dollars), de l'Allemagne (7 378,3 de dollars), du Royaume-Uni (7 376,3 de dollars) et de l'URSS (1 542,8 de dollars). La croissance des dépenses ménagères en Somalie était supérieure à celle de l'Allemagne (1,8%); mais inférieure à celle du Japon (3,7%), du Royaume-Uni (3,5%), des États-Unis (3,2%) et de l'URSS (3,0%).

Les années 1990

Les dépenses ménagères de la Somalie étaient de 868,2 millions de dollars par an dans les années 1990, au 168ème rang mondial à égalité avec le Burundi (868,6 millions de dollars), la République centrafricaine (869,9 millions de dollars), l'Andorre (878,2 millions de dollars). La part dans le monde était de 0,0051% et de 0,23% en Afrique.

La part des dépenses ménagères dans le PIB de la Somalie était de 72,3% dans les années 1990, se classant au 72ème rang mondial, à égalité avec Madagascar (72,3%), la Macédoine du Nord (72,2%), Saint-Vincent-et-les-Grenadines (72,4%).

Les dépenses ménagères par habitant en Somalie étaient de 113.6 dollars dans les années 1990, se classant au 207ème rang mondial. Les dépenses ménagères par habitant en Somalie étaient 26,1 fois inférieures les dépenses ménagères par habitant au Monde (2 963,9 US$), et 4,7 fois inférieures les dépenses ménagères par habitant en Afrique (532,7 US$).

La croissance des dépenses ménagères en Somalie était de -3.1% dans les années 1990, se situant au 188ème rang mondial, à égalité avec les îles Cook (-3,2%). La croissance des dépenses ménagères en Somalie (-3,1%) a été inférieure à celle du monde (3,0%), et inférieure à celle de l'Afrique (2,6%).

Comparaison avec les voisins. Les dépenses ménagères de la Somalie étaient supérieures à celles de Djibouti (321,3 millions de dollars); mais inférieures à celles du Kenya (9,5 milliards de dollars) et de l'Éthiopie (6,9 milliards de dollars). Les dépenses ménagères par habitant en Somalie étaient inférieures à celles de Djibouti (504,5 de dollars), du Kenya (348,4 de dollars) et de l'Éthiopie (123,1 de dollars). La croissance des dépenses ménagères en Somalie était inférieure à celle du Kenya (3,2%), de l'Éthiopie (2,4%) et de Djibouti (0,90%).

Comparaison avec les leaders. Les dépenses ménagères de la Somalie étaient inférieures à celles des États-Unis (4,9 billions de dollars), du Japon (2,3 billions de dollars), de l'Allemagne (1,2 billions de dollars), du Royaume-Uni (884,5 milliards de dollars) et de la France (783,0 milliards de dollars). Les dépenses ménagères par habitant en Somalie étaient inférieures à celles des États-Unis (18 538,8 de dollars), du Japon (18 170,3 de dollars), du Royaume-Uni (15 280,6 de dollars), de l'Allemagne (15 158,9 de dollars) et de la France (13 185,2 de dollars). La croissance des dépenses ménagères en Somalie était inférieure à celle des États-Unis (3,4%), du Royaume-Uni (2,8%), de l'Allemagne (2,1%), du Japon (1,8%) et de la France (1,8%).

Les années 2000

Les dépenses ménagères de la Somalie étaient de 1,4 milliards de dollars par an dans les années 2000, au 167ème rang mondial à égalité avec d'Aruba (1,4 milliards de dollars). La part dans le monde était de 0,0051% et de 0,21% en Afrique.

La part des dépenses ménagères dans le PIB de la Somalie était de 72,8% dans les années 2000, se situant au 72ème rang mondial, à égalité avec le Mozambique (72,9%), les Fidji (72,5%), l'Est (73,1%).

Les dépenses ménagères par habitant en Somalie étaient de 135.1 dollars dans les années 2000, se classant au 208ème rang mondial. Les dépenses ménagères par habitant en Somalie étaient 31,2 fois inférieures les dépenses ménagères par habitant au Monde (4 208,2 US$), et 5,4 fois inférieures les dépenses ménagères par habitant en Afrique (735,9 US$).

La croissance des dépenses ménagères en Somalie était de 3.5% dans les années 2000, au 125ème rang mondial, à égalité avec le Nicaragua (3,5%), la Colombie (3,5%), le Tchad (3,5%). La croissance des dépenses ménagères en Somalie (3,5%) a été supérieure à

Chapitre XIII. Dépenses ménagères

celle du monde (3,0%), et inférieure à celle de l'Afrique (6,0%).

Comparaison avec les voisins. Les dépenses ménagères de la Somalie étaient supérieures à celles de Djibouti (476,3 millions de dollars); mais inférieures à celles du Kenya (17,8 milliards de dollars) et de l'Éthiopie (11,0 milliards de dollars). Les dépenses ménagères par habitant en Somalie étaient inférieures à celles de Djibouti (614,0 de dollars), du Kenya (491,3 de dollars) et de l'Éthiopie (145,2 de dollars). La croissance des dépenses ménagères en Somalie était supérieure à celle du Kenya (3,3%); mais inférieure à celle de l'Éthiopie (9,0%) et de Djibouti (4,5%).

Comparaison avec les leaders. Les dépenses ménagères de la Somalie étaient inférieures à celles des États-Unis (8,5 billions de dollars), du Japon (2,6 billions de dollars), de l'Allemagne (1,5 billions de dollars), du Royaume-Uni (1,5 billions de dollars) et de la France (1,1 billions de dollars). Les dépenses ménagères par habitant en Somalie étaient inférieures à celles des États-Unis (28 799,1 de dollars), du Royaume-Uni (24 959,3 de dollars), du Japon (20 355,9 de dollars), de l'Allemagne (18 912,2 de dollars) et de la France (18 146,8 de dollars). La croissance des dépenses ménagères en Somalie était supérieure à celle des États-Unis (2,4%), du Royaume-Uni (2,1%), de la France (2,0%), du Japon (0,81%) et de l'Allemagne (0,46%).

Les années 2010

Les dépenses ménagères de la Somalie étaient de 1,1 milliards de dollars par an dans les années 2010, au 182ème rang mondial à égalité avec le Groenland (1,1 milliards de dollars). La part dans le monde était de 0,0024% et de 0,071% en Afrique.

La part des dépenses ménagères dans le PIB de la Somalie était de 72,6% dans les années 2010, se classant au 63ème rang mondial, à égalité avec l'Afrique de l'Ouest (72,7%), la Serbie (72,4%), les Îles Marshall (72,3%).

Les dépenses ménagères par habitant en Somalie étaient de 78.8 dollars dans les années 2010, se classant au 210ème rang mondial. Les dépenses ménagères par habitant en Somalie étaient 76,4 fois inférieures les dépenses ménagères par habitant au Monde (6 018,5 US$), et 16,4 fois inférieures les dépenses ménagères par habitant en Afrique (1 292,9 US$).

La croissance des dépenses ménagères en Somalie était de 3% dans les années 2010, au 103ème rang mondial. La croissance des dépenses ménagères en Somalie (3,0%) a été supérieure à celle du monde (2,8%), et inférieure à celle de l'Afrique (3,3%).

Comparaison avec les voisins. Les dépenses ménagères de la Somalie étaient 48,1 fois inférieures à celles du Kenya (51,8 milliards de dollars), 37,7 fois inférieures à celles de l'Éthiopie (40,5 milliards de dollars) et 21,9% inférieures à celles de Djibouti (1,4 milliards de dollars). Les dépenses ménagères par habitant en Somalie étaient 19,3 fois inférieures à celles de Djibouti (1 519,8 de dollars), 13,9 fois inférieures à celles du Kenya (1 095,0 de dollars) et 5,2 fois inférieures à celles de l'Éthiopie (406,8 de dollars). La croissance des dépenses ménagères en Somalie était inférieure à celle de Djibouti (10,6%), de l'Éthiopie (9,3%) et du Kenya (6,1%).

Comparaison avec les leaders. Les dépenses ménagères de la Somalie étaient 11 329,7 fois inférieures à celles des États-Unis (12,2 billions de dollars), 3 651,6 fois inférieures à celles de la Chine (3,9 billions de dollars), 2 776,1 fois inférieures à celles du Japon (3,0 billions de dollars), 1 819,9 fois inférieures à celles de l'Allemagne (2,0 billions de dollars) et 1 655,9 fois inférieures à celles du Royaume-Uni (1,8 billions de dollars). Les dépenses ménagères par habitant en Somalie étaient 484,5 fois inférieures à celles des États-Unis (38 161,2 de dollars), 344,9 fois inférieures à celles du Royaume-Uni (27 164,8 de dollars), 303,8 fois inférieures à celles de l'Allemagne (23 925,0 de dollars), 296,5 fois inférieures à celles du Japon (23 352,2 de dollars) et 35,6 fois inférieures à celles de la Chine (2 801,9 de dollars). La croissance des dépenses ménagères en Somalie était supérieure à celle des États-Unis (2,4%), du Royaume-Uni (1,8%), de l'Allemagne (1,4%) et du Japon (0,64%); mais inférieure à celle de la Chine (8,3%).

Partie V. Reproduction

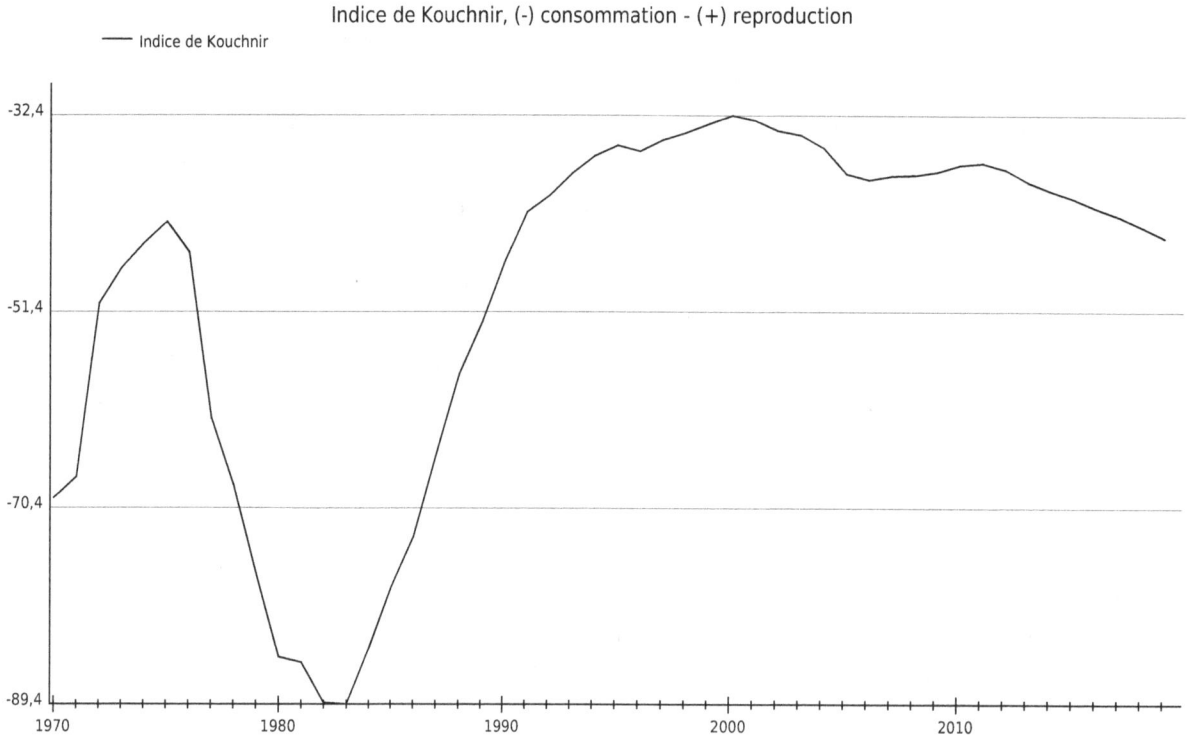

Chapitre XIV. Formation de capital fixe

Formation brute de capital fixe

La formation de capital de la Somalie est passé de 78,0 millions de dollars par an dans les années 1970 à 295,5 millions de dollars par an dans les années 2010, c'est-à-dire 217,5 millions de dollars ou de 3,8 fois. La variation a été de 187,6 millions de dollars en raison de l'augmentation de 2,7 fois des prix, et de -146,7 millions de dollars en raison de la baisse du taux par habitant de 2,4 fois, et de 176,6 millions de dollars en raison de la croissance démographique. La croissance annuelle moyenne de la formation de capital était de 1,2%. La valeur minimale était de 13,6 millions de dollars en 1981. La valeur maximale était de 521,4 millions de dollars en 2008.

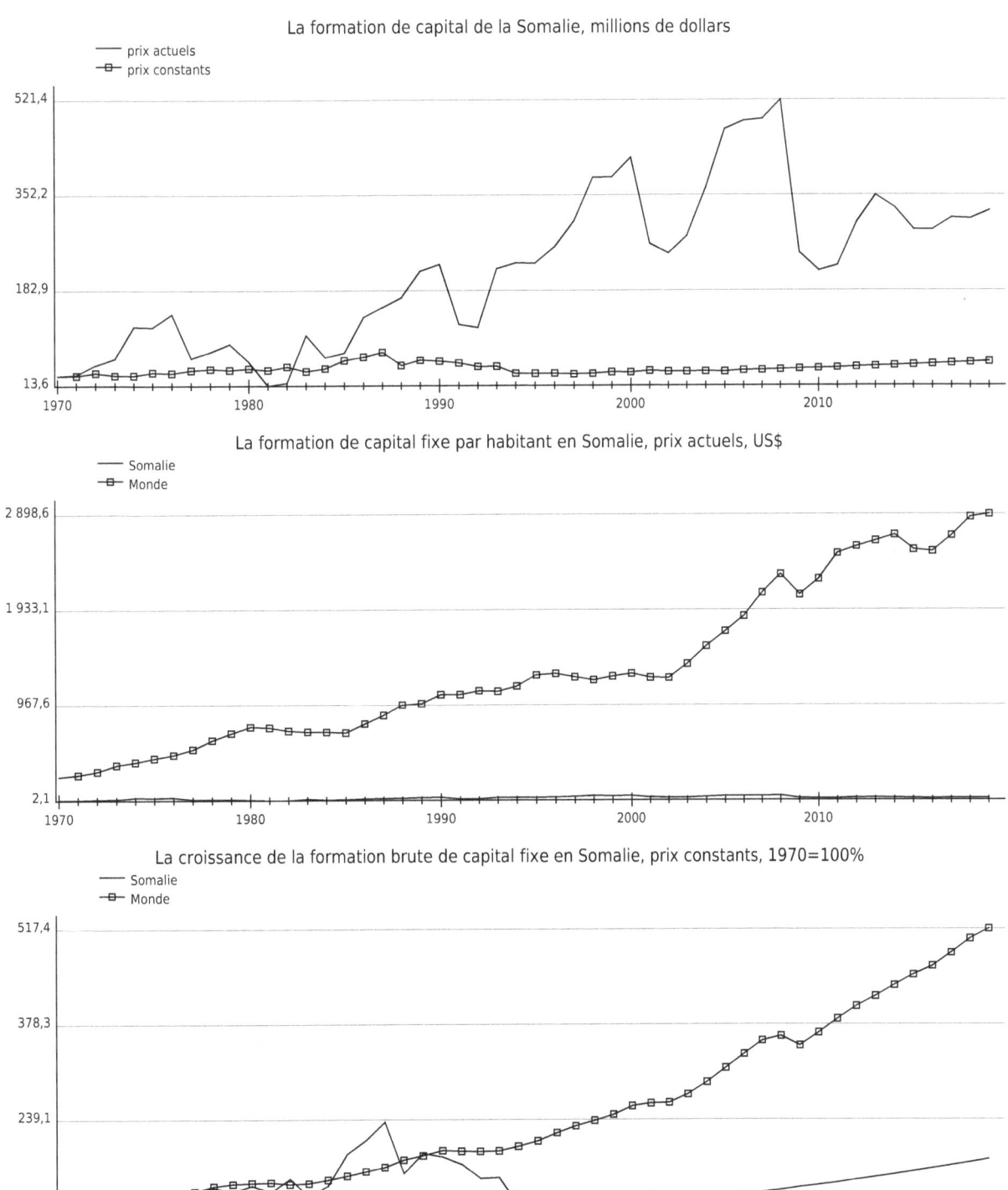

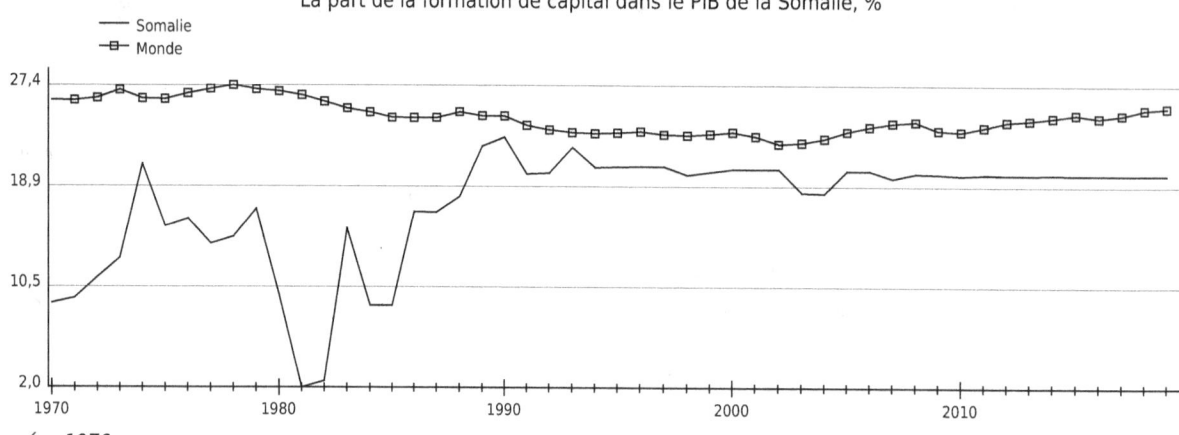

La part de la formation de capital dans le PIB de la Somalie, %

Les années 1970

La formation de capital de la Somalie était de 78,0 millions de dollars par an dans les années 1970, au 140ème rang mondial. La part dans le monde était de 0,0045% et de 0,066% en Afrique.

La part de la formation de capital dans le PIB de la Somalie était de 14,8% dans les années 1970, se situant au 150ème rang mondial, à égalité avec le Burkina Faso (14,7%).

La formation de capital par habitant en Somalie était de 18.6 dollars dans les années 1970, se classant au 175ème rang mondial. La formation de capital fixe par habitant en Somalie était 23,3 fois inférieure la formation de capital par habitant au Monde (433,5 US$), et 15,6 fois inférieure la formation de capital fixe par habitant en Afrique (289,8 US$).

La croissance de la formation brute de capital fixe en Somalie était de 3.3% dans les années 1970, au 127ème rang mondial. La croissance de la formation brute de capital fixe en Somalie (3,3%) a été inférieure à celle du monde (4,2%), et inférieure à celle de l'Afrique (7,1%).

Comparaison avec les voisins. La formation de capital fixe de la Somalie était supérieure à celle de Djibouti (16,2 millions de dollars); mais inférieure à celle du Kenya (905,2 millions de dollars) et de l'Éthiopie (376,4 millions de dollars). La formation de capital fixe par habitant en Somalie était supérieure à celle de l'Éthiopie (11,3 de dollars); mais inférieure à celle de Djibouti (70,7 de dollars) et du Kenya (67,5 de dollars). La croissance de la formation brute de capital fixe en Somalie était supérieure à celle du Kenya (3,1%) et de l'Éthiopie (-0,78); mais inférieure à celle de Djibouti (3,5%).

Comparaison avec les leaders. La formation de capital fixe de la Somalie était inférieure à celle des États-Unis (381,9 milliards de dollars), de l'URSS (214,6 milliards de dollars), du Japon (191,6 milliards de dollars), de l'Allemagne (125,8 milliards de dollars) et de la France (82,9 milliards de dollars). La formation de capital par habitant en Somalie était inférieure à celle des États-Unis (1 750,0 de dollars), du Japon (1 720,7 de dollars), de l'Allemagne (1 597,2 de dollars), de la France (1 545,4 de dollars) et de l'URSS (850,9 de dollars). La croissance de la formation de capital en Somalie était supérieure à celle de l'URSS (3,2%), de la France (2,7%) et de l'Allemagne (1,5%); mais inférieure à celle des États-Unis (4,4%) et du Japon (3,9%).

Les années 1980

La formation de capital fixe de la Somalie était de 100,4 millions de dollars par an dans les années 1980, au 151ème rang mondial à égalité avec Djibouti (98,7 millions de dollars). La part dans le monde était de 0,0026% et de 0,051% en Afrique.

La part de la formation de capital dans le PIB de la Somalie était de 12,9% dans les années 1980, se situant au 165ème rang mondial, à égalité avec le Salvador (12,8%), les Palaos (13,0%).

La formation de capital par habitant en Somalie était de 15 dollars dans les années 1980, au 182ème rang mondial. La formation de capital par habitant en Somalie était 52,8 fois inférieure la formation de capital fixe par habitant au Monde (790,9 US$), et 24,2 fois inférieure la formation de capital fixe par habitant en Afrique (362,0 US$).

La croissance de la formation brute de capital fixe en Somalie était de 3.6% dans les années 1980, au 75ème rang mondial, à égalité avec les Caraïbes (3,5%), la République dominicaine (3,6%), le Vanuatu (3,6%). La croissance de la formation de capital en Somalie (3,6%) a été supérieure à celle du monde (2,5%), et supérieure à celle de l'Afrique (-3,3%).

Chapitre XIV. Formation de capital fixe

Comparaison avec les voisins. La formation de capital fixe de la Somalie était supérieure à celle de Djibouti (98,7 millions de dollars); mais inférieure à celle du Kenya (1,7 milliards de dollars) et de l'Éthiopie (1,1 milliards de dollars). La formation de capital fixe par habitant en Somalie était inférieure à celle de Djibouti (225,1 de dollars), du Kenya (88,7 de dollars) et de l'Éthiopie (26,9 de dollars). La croissance de la formation brute de capital fixe en Somalie était supérieure à celle du Kenya (-0,36%); mais inférieure à celle de l'Éthiopie (8,2%) et de Djibouti (5,2%).

Comparaison avec les leaders. La formation de capital fixe de la Somalie était inférieure à celle des États-Unis (958,4 milliards de dollars), du Japon (571,7 milliards de dollars), de l'URSS (271,0 milliards de dollars), de l'Allemagne (238,1 milliards de dollars) et de la France (164,3 milliards de dollars). La formation de capital par habitant en Somalie était inférieure à celle du Japon (4 713,7 de dollars), des États-Unis (4 002,1 de dollars), de l'Allemagne (3 052,1 de dollars), de la France (2 907,7 de dollars) et de l'URSS (984,8 de dollars). La croissance de la formation brute de capital fixe en Somalie était supérieure à celle des États-Unis (3,1%), de la France (2,4%), de l'URSS (1,7%) et de l'Allemagne (1,4%); mais inférieure à celle du Japon (4,8%).

Les années 1990

La formation de capital fixe de la Somalie était de 248,5 millions de dollars par an dans les années 1990, au 163ème rang mondial à égalité avec Saint-Marin (248,6 millions de dollars), les Îles Caïmans (249,4 millions de dollars), le Suriname (249,9 millions de dollars). La part dans le monde était de 0,0037% et de 0,20% en Afrique.

La part de la formation brute de capital fixe dans le PIB de la Somalie était de 20,7% dans les années 1990, se situant au 122ème rang mondial, à égalité avec l'Ouganda (20,7%), les Amériques (20,7%), l'Afrique (20,8%).

La formation de capital fixe par habitant en Somalie était de 32.5 dollars dans les années 1990, se classant au 195ème rang mondial, à égalité avec le Cambodge (32,5 de dollars), le Tchad (32,1 de dollars), Madagascar (31,9 de dollars). La formation de capital fixe par habitant en Somalie était 36,4 fois inférieure la formation de capital fixe par habitant au Monde (1 183,8 US$), et 5,3 fois inférieure la formation de capital fixe par habitant en Afrique (173,2 US$).

La croissance de la formation de capital en Somalie était de -4.4% dans les années 1990, se situant au 185ème rang mondial. La croissance de la formation de capital en Somalie (-4,4%) a été inférieure à celle du monde (2,8%), et inférieure à celle de l'Afrique (3,2%).

Comparaison avec les voisins. La formation de capital de la Somalie était supérieure à celle de Djibouti (107,2 millions de dollars); mais inférieure à celle du Kenya (2,1 milliards de dollars) et de l'Éthiopie (1,2 milliards de dollars). La formation de capital fixe par habitant en Somalie était supérieure à celle de l'Éthiopie (21,5 de dollars); mais inférieure à celle de Djibouti (168,4 de dollars) et du Kenya (75,0 de dollars). La croissance de la formation brute de capital fixe en Somalie était supérieure à celle de Djibouti (-4,8%); mais inférieure à celle du Kenya (3,1%) et de l'Éthiopie (-1,0%).

Comparaison avec les leaders. La formation de capital de la Somalie était inférieure à celle des États-Unis (1,6 billions de dollars), du Japon (1,3 billions de dollars), de l'Allemagne (520,7 milliards de dollars), de la France (299,3 milliards de dollars) et du Royaume-Uni (250,0 milliards de dollars). La formation de capital fixe par habitant en Somalie était inférieure à celle du Japon (10 425,9 de dollars), de l'Allemagne (6 456,6 de dollars), des États-Unis (6 067,2 de dollars), de la France (5 039,5 de dollars) et du Royaume-Uni (4 319,1 de dollars). La croissance de la formation de capital en Somalie était inférieure à celle des États-Unis (4,8%), de l'Allemagne (2,4%), du Royaume-Uni (1,7%), de la France (1,5%) et du Japon (0,18%).

Les années 2000

La formation de capital fixe de la Somalie était de 378,9 millions de dollars par an dans les années 2000, se classant au 173ème rang mondial. La part dans le monde était de 0,0034% et de 0,15% en Afrique.

La part de la formation de capital dans le PIB de la Somalie était de 19,8% dans les années 2000, se classant au 155ème rang mondial, à égalité avec la Syrie (19,7%), la Serbie (19,9%).

La formation de capital par habitant en Somalie était de 36.8 dollars dans les années 2000, au 205ème rang mondial. La formation de capital fixe par habitant en Somalie était 45,9 fois inférieure la formation de capital par habitant au Monde (1 690,7 US$), et 7,6 fois inférieure la formation de capital fixe par habitant en Afrique (280,9 US$).

La croissance de la formation de capital en Somalie était de 1.5% dans les années 2000, au 154ème rang mondial. La croissance de la formation de capital en Somalie (1,5%) a été inférieure à celle du monde (3,5%), et inférieure à celle de l'Afrique (5,6%).

Comparaison avec les voisins. La formation de capital de la Somalie était supérieure à celle de Djibouti (173,0 millions de dollars); mais inférieure à celle du Kenya (4,3 milliards de dollars) et de l'Éthiopie (3,6 milliards de dollars). La formation de capital fixe par habitant en Somalie était inférieure à celle de Djibouti (223,1 de dollars), du Kenya (118,1 de dollars) et de l'Éthiopie (47,4 de dollars). La croissance de la formation brute de capital fixe en Somalie était inférieure à celle de Djibouti (31,5%), de l'Éthiopie (16,1%) et du Kenya (8,0%).

Comparaison avec les leaders. La formation de capital de la Somalie était inférieure à celle des États-Unis (2,8 billions de dollars), du Japon (1,2 billions de dollars), de la Chine (1,0 billions de dollars), de l'Allemagne (557,7 milliards de dollars) et de la France (463,9 milliards de dollars). La formation de capital par habitant en Somalie était inférieure à celle des États-Unis (9 376,4 de dollars), du Japon (8 981,8 de dollars), de la France (7 386,7 de dollars), de l'Allemagne (6 851,1 de dollars) et de la Chine (782,2 de dollars). La croissance de la formation brute de capital fixe en Somalie était supérieure à celle des États-Unis (0,43%), de l'Allemagne (-0,56%) et du Japon (-2,0%); mais inférieure à celle de la Chine (13,4%) et de la France (1,6%).

Les années 2010

La formation de capital fixe de la Somalie était de 295,5 millions de dollars par an dans les années 2010, au 185ème rang mondial. La part dans le monde était de 0,0015% et de 0,057% en Afrique.

La part de la formation brute de capital fixe dans le PIB de la Somalie était de 19,9% dans les années 2010, se situant au 141ème rang mondial, à égalité avec Malte (19,9%), l'Afrique australe (19,9%), le Paraguay (19,9%).

La formation de capital par habitant en Somalie était de 21.6 dollars dans les années 2010, au 210ème rang mondial. La formation de capital fixe par habitant en Somalie était 121,2 fois inférieure la formation de capital par habitant au Monde (2 621,1 US$), et 20,4 fois inférieure la formation de capital par habitant en Afrique (440,4 US$).

La croissance de la formation de capital en Somalie était de 2.6% dans les années 2010, se situant au 115ème rang mondial, à égalité avec le Liechtenstein (2,6%). La croissance de la formation brute de capital fixe en Somalie (2,6%) a été inférieure à celle du monde (4,1%), et inférieure à celle de l'Afrique (3,1%).

Comparaison avec les voisins. La formation de capital de la Somalie était 69,8 fois inférieure à celle de l'Éthiopie (20,6 milliards de dollars), 42,1 fois inférieure à celle du Kenya (12,4 milliards de dollars) et 2,0 fois inférieure à celle de Djibouti (605,7 millions de dollars). La formation de capital fixe par habitant en Somalie était 30,9 fois inférieure à celle de Djibouti (668,3 de dollars), 12,2 fois inférieure à celle du Kenya (263,1 de dollars) et 9,6 fois inférieure à celle de l'Éthiopie (207,0 de dollars). La croissance de la formation brute de capital fixe en Somalie était inférieure à celle de l'Éthiopie (20,8%), de Djibouti (8,9%) et du Kenya (5,4%).

Comparaison avec les leaders. La formation de capital fixe de la Somalie était 15 305,4 fois inférieure à celle de la Chine (4,5 billions de dollars), 12 179,5 fois inférieure à celle des États-Unis (3,6 billions de dollars), 4 095,5 fois inférieure à celle du Japon (1,2 billions de dollars), 2 546,6 fois inférieure à celle de l'Allemagne (752,5 milliards de dollars) et 2 357,9 fois inférieure à celle de l'Inde (696,8 milliards de dollars). La formation de capital fixe par habitant en Somalie était 520,9 fois inférieure à celle des États-Unis (11 264,9 de dollars), 437,4 fois inférieure à celle du Japon (9 460,2 de dollars), 425,1 fois inférieure à celle de l'Allemagne (9 192,9 de dollars), 149,1 fois inférieure à celle de la Chine (3 224,9 de dollars) et 24,7 fois inférieure à celle de l'Inde (535,2 de dollars). La croissance de la formation brute de capital fixe en Somalie était supérieure à celle du Japon (1,8%); mais inférieure à celle de la Chine (8,0%), de l'Inde (5,8%), des États-Unis (3,8%) et de l'Allemagne (2,8%).

www.ingramcontent.com/pod-product-compliance
Lightning Source LLC
Chambersburg PA
CBHW080525220526
45465CB00006B/2603